上：ヴェルサイユ宮殿の全景
アフロ提供

前ページ：ルイ14世　ルーブル美術館蔵。
Alamy 提供

次ページ：ヴェルサイユ宮殿の礼拝堂
Alamy 提供

新・人と歴史　拡大版　26

ルイ14世
フランス絶対王政の虚実

千葉 治男 著

SHIMIZUSHOIN

本書は「人と歴史」シリーズ（編集委員　小葉田淳、沼田次郎、井上智勇、堀米庸三、田村実造、護雅夫）の『ルイ14世』として一九七一年に、「清水新書」の『ルイ14世　フランス絶対王政の虚実』として一九八四年に刊行したものに表記や仮名遣い等一部を改めて復刊したものです。

はじめに

ヨーロッパ中心の時代は終わった、といわれている。すべての文明はヨーロッパに集まり、ヨーロッパ人の手を経て発展し、世界に広められた、というヨーロッパ中心の世界観・歴史観がいま、ようやく改められようとしている。そして、西洋史学といわれる部門でも、この意味からの総点検と再検討が叫ばれている。ここで取り扱おうとする一七世紀のフランス、ルイ一四世の時代もまた、大きく見直されようとしている時代の一つである。

国家の歴史をみると、大いなる栄光の御代《みよ》としてたたえられた、いくつかの時代がある。たとえば、イギリスのエリザベス朝やヴィクトリア朝の時代である。日本でも「明治の聖代」という見方があった。このような見方は、国家の統一力や対外拡大などという国家権力の発展を誇る幻想から生まれたものと考えられる。それは国家にまつわる幻想であるだけに、なかなかぬぐい去ることがむずかしい。ルイ一四世の時代も、そのような大御代とたたえられた時代である。そして、この幻想は現代のフランスにも受け継がれているように思われる。

ヨーロッパ中心の歴史観を離れて西洋を再検討する第一歩は、まさにこの幻想から解放されることである。この幻想のもとになにがあったのか、そして、いまなおその幻想が生き残るのはなぜか、それを探ることからはじめなければならない。そうすることではじめて、遠い日本からはるかなる一七世紀フランス、ルイ一四世の時代を考える意味がでてくるのではないだろうか。

目次

Ⅲ　ヴェルサイユ宮殿の栄華――宮廷と古典主義

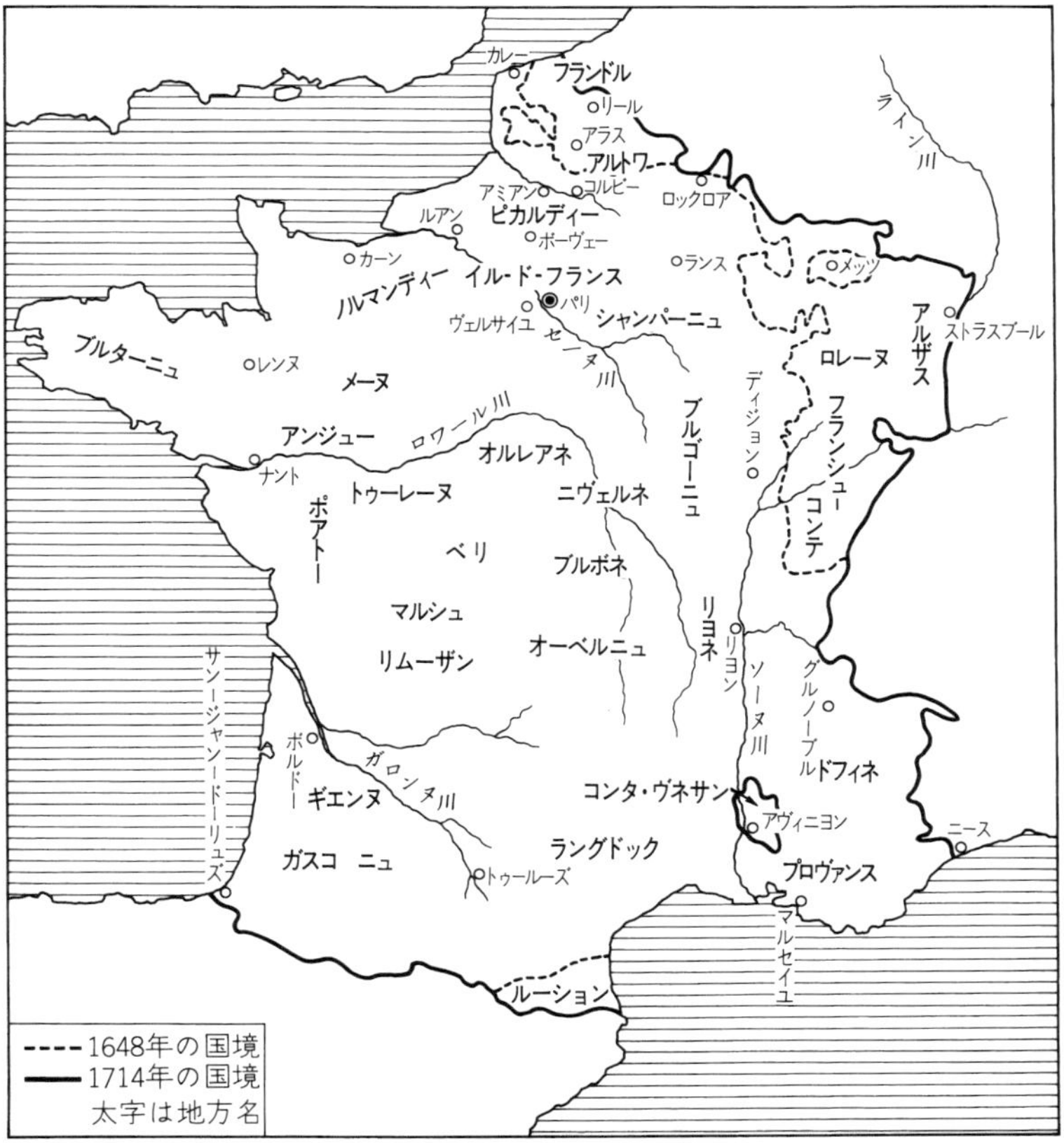
カレー
フランドル
リール
アラス
アルトワ
アミアン
コルビー
ロックロア
ルアン
ピカルディー
ボーヴェー
カーン
ランス
メッツ
ノルマンディー
イル-ド-フランス
パリ
ヴェルサイユ
シャンパーニュ
ライン川
ストラスブール
アルザス
ブルターニュ
レンヌ
メーヌ
セーヌ川
ロレーヌ
ディジョン
ブルゴーニュ
フランシュ-コンテ
アンジュー
ロワール川
オルレアネ
ナント
トゥーレーヌ
ニヴェルネ
ポアトー
ベリ
ブルボネ
マルシュ
リヨネ
リヨン
オーベルニュ
リムーザン
ソーヌ川
グルノーブル
ドフィネ
ボルドー
ガロンヌ川
ギエンヌ
コンタ・ヴネサン
アヴィニヨン
ニース
サン-ジャン-ド-リュズ
ガスコニュ
ラングドック
トゥールーズ
プロヴァンス
マルセイユ
ルーション
1648年の国境
1714年の国境
太字は地方名

ルイ14世のフランス王国

序 この時代をどうとらえるか

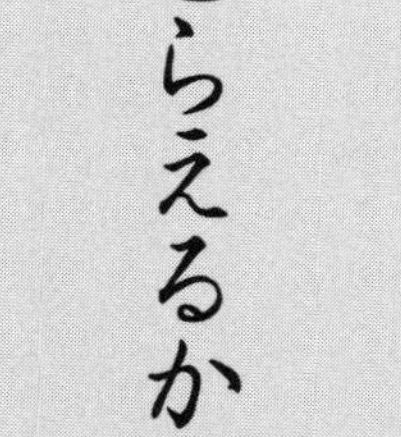

一八世紀の有名な啓蒙《けいもう》思想家ヴォルテールは、ルイ一四世の時代を、世界史のうえでとくにたたえられなければならない四つの世紀の一つとして数えあげている。

「人呼んでルイ一四世の時代という、おそらく四つの時代のうちもっとも完全に近い時代である。……リシュリューの晩年からルイ一四世の没後までに、フランスでは、芸術も、思想も、風俗も、政治も面目を一新したが、この全面的な変革こそ、フランスの光栄を永遠に記念するものなのである」(丸山熊雄訳、ヴォルテール『ルイ十四世の世紀』)

このようにヴォルテールは、ルイ一四世の時代を、天才たちの力によって政治も文化も風俗も一新された時代、真に栄光に満ちた「大世紀」とたたえたのである。

それでは、ヴォルテールの時代から約二〇〇年たった現在、ヨーロッパの歴史家は、この時代をどのように考えているのであろうか。いま、フランスの代表的な歴史家の考え方をあげてみよう。それは、おおよそつぎのような見方である。

一七世紀は、人間のあらゆる活動分野にわたる「危機の時代」であった。ところが、この危機状態のなかで、人々は、それを治療する方法をたえずさがし求めた。そこにゆたかな創造力が育った。だから、この世紀は合理主義と無限の進歩が求められた世紀であり、ブルジョアが強大になった世紀、バロックの豪華と古典主義の安定が築かれた時代である。人類にとって画期的な変異があらわれたこの時代は、まことに大世紀と呼ばれるのが当然ではないか、と。

このように、現代の歴史家の見方もまた、ヴォルテールの発想とほとんど変わりがない。しかも、この二〇〇年間のフランスは、絶対王政を打倒した大革命やそのほかたくさんの変革を経ているのである。この歴史を経てなお、ヴォルテールの讃歌の心情が受け継がれているということは、この世紀に対する幻想、大世紀とたたえる幻想のぬきがたい強さをあらわしている。

この現代の歴史家はさらに続けて、「この時代の個人は、一九世紀の自由社会の人間に比べれば、たしかに団体や共同体などにしばられ、その権威と伝統にしたがった。しかし、断じて、ほかの大陸のどんな社会の人間よりも自由であった。これこそがヨーロッパのゆたかさと偉大さをつくった個人主義であった」と論じている。

このようにみてくると、わたしたちは、偉大な大世紀という幻想がヨーロッパ中心の世界観・歴史観に結びついていることに気がつく。一七世紀フランスの輝ける大世紀は、ゆたかで大いなるヨーロッパを証明しようとする一つの「証《あか》し」なのである。だから、この世紀の危機も、新しい創造力をヨーロッパ人にさずけた神の試練とでも考えているのであろうか。

ここに大きな問題がある。この「危機の時代」は同時に、それにうちかつためのたくましい創造力を育てあげた「大世紀」であった、という解釈で終わってよいものだろうか。むしろこの時代は、危機と繁栄、不安と安定、非合理なものと合理的なものとが、うらはらに共存していたのではないだろうか。といっても、別に繁栄と安定を独占したのがルイ一四世の王宮であり、危機と貧困と不安と非合理をになったのが民衆であった、というような簡単な図式が成り立つものではない。

王権といっても、非常に強力なしくみができあがっていたわけではない。もろもろの制度や慣行がからみ合い、統治のしくみは不完全で、意外にもろい内実をもっていたのである。また、貴族などの「身分」という保身のためのしくみも、けっして安定した地位をいつまでも保障するものではなくなっているのである。農村貴族のように、身分のなかに閉じこもっていることが、逆に没落につながるということもある。ここにも、ようやく変動が起こっているのである。

この変動は民衆のなかにもあらわれる。農村からの人口移動が起こり、都市の城外や裏町には、保護も組織もない民衆が住みついてくる。これは、この変動のあらわれである。だから民衆も一様に、被抑圧者の群れとして塗りつぶすことができない程度に分かれはじめてくるのである。このような変動は、危機のたびごとに明らかになってくる。あるいは、変動そのものがこの世紀の危機なのである。

このように、統治のしくみが不完全であり、また、ふるい身分制も安定から不安定へと変わってくると、それは互いに相補いながら一つの国家体制をつくりあげていく。そのとき国王は重要な意味をもってくる。それは、人々になまなましい力の幻想を与える国王である。ルイ一四世の親政とは、このようにして生まれたのではないだろうか。

民衆もまた、国王をのぞんだ。ただし、それは見通しのない生き方、不安定な生活からの救い手として、安定のシンボルとして求められたのである。だから、国王が安定のシンボルではなく、それがただの幻想にすぎなかったとき、王権は否定されたのである。反乱蜂起《ほうき》の民衆が「租税反対、国王万歳」と叫びながら行動を起こしていることは、この事情を物語るものではないだろうか。

I

動乱と危機の時代
――少年王ルイ一四世

リシュリューと三十年戦争

❖ルイ一四世の誕生

フランス王ルイ一三世とその王妃アンヌ＝ドートリッシュは、ながいこと子にめぐまれなかった。王妃は、スペインのハプスブルク家の出身で、かの黄金時代のスペイン王フェリーペ二世の孫娘であり、当時の王フェリーペ四世の姉にあたる。この国王夫妻は不仲といわれていた。ところが、結婚後二二年たった一六三八年九月五日、王妃は王子ルイを産んだ。のちのルイ一

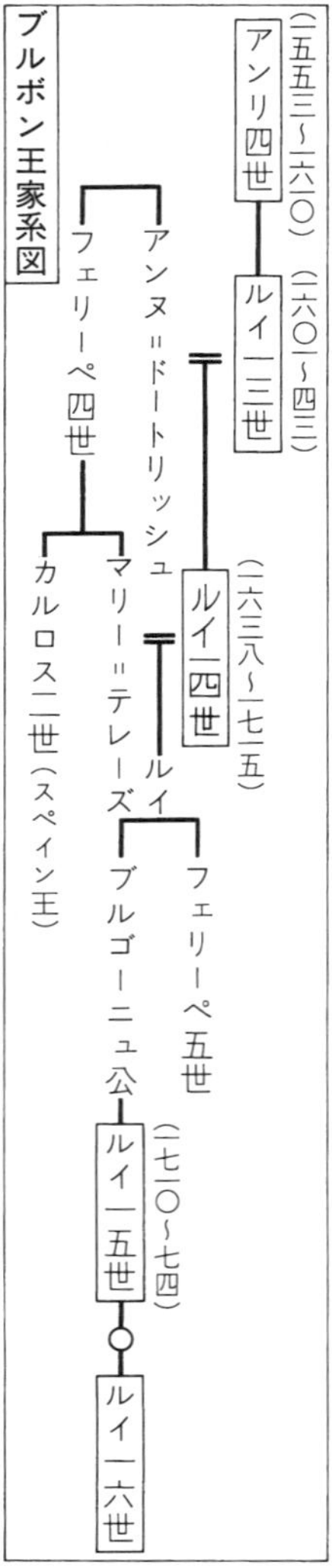

ブルボン王家系図

四世の誕生である。

このような出生までの事情から、この王子は果たしてルイ一三世の子であるのかという噂が、ひそかにとりざたされたようである。しかしここで大事なことは、ルイがスペイン王室の血を継いでいるということであり、しかも、フランスとスペインの戦いのさなかに誕生したということである。一説には、スペインとの和解をとりつけるため、スペイン王室出身の王妃と国王との不和を解き、王子を産ませたということさえも語られている。まことに政略的なにおいのする誕生であった。

それでは、この王子が誕生したころ、スペインとのあいだにどのような戦いが起こっていたのだろうか。そして、そのとき、だれがフランスを動かしていたのだろうか。

❖枢機卿リシュリュー

ルイの生まれる三年前、すでにフランスはハプスブルク王家との戦い、三十年戦争に参加していた。三十年戦争（一六一八―四八）は、最後の宗教戦争といわれるが、事実は、「国家理法（レーゾン‐デタ）」をかけた国家どうしの大戦に発展していた。「国家理法」というのは、王国を統治する王家の方針のことであり、フランス王権にとって、それはハプスブルク王家に対する戦いを意味していた。ハプスブルク王家の力は、オーストリアとスペインを根城として、

リシュリュー

ネーデルラントそしてイタリアと、フランスの周囲すべてにおよんでいた。だから、ハプスブルクの支配は、フランス王国の安全と独立を脅かすものと感じられたのである。そして、この対ハプスブルク戦争を指導したのが枢機卿《すうききょう》リシュリューであった。

リシュリューは西部フランスのリュソンという田舎《いなか》町の一司教であった。そのリシュリューが、一六一四年の三部会に僧侶身分の代表として参加して以来、フランス王国の命運をにぎる政治家として活動をはじめる。

リシュリューは尊大で病気持ち、そしてたいへん激しい気性の持ち主だったので、あまり人に好かれなかったようである。だからその死後、リシュリューに対する憎しみの声はパリのちまたに満ち、病に伏していた国王ルイ一三世の病因も、リシュリューが生前ひそかに毒を盛っていたためだ、という暗い噂までまことしやかにささやかれたほどであった。

しかし、リシュリューは執念《しゅうねん》の政治家であった。かれは一六二二年に枢機卿となり、カトリック世界のなかで有力な地位を築いた。ついで国王の側近として国務会議に列席し、三〇年代には完全に王政の中心指導者におさまっている。この間、王母マリー＝ド＝メディシスをめぐる宮廷内の争いや、ふるい大貴族たちの反乱、ユグノーの反乱など、入り乱れた敵対関係やめまぐるしい権謀術数のるつぼのなかを生きぬいてきた。

「わたしのめざすことは、第一に国王の尊厳、第二に王国の盛大である」とリシュリューは書きのこしているが、これはその生涯を貫く強い執念であった。この執念のもとに、リシュリューは王国強大化の方策を編み出した。

それはまず、王権強化のための国家行政のしくみをつくりあげることであった。ブルボン王朝が成立して、ながい宗教戦争が終わったとはいっても、王政は依然、王家の家政の延長であった。だから、その政務機関である国務会議は、王族や王の寵臣《ちょうしん》たちで成り立っていた。この王家の家政機関を、リシュリューは国家の統治機関へと大きくきりかえようと図ったのである。そして国務会議を中央機関とし、各地に国王監察官（アンタンダン）をおいて集権体制をつくることが、リシュリューのめざす行政改革であった。この行政改革は絶対王政の根本をつくるものであり、のちにルイ一四世親政のとき完成される。ルイ一四世の統治はリシュリューの地ならしのうえに成り立っているのである。

しかし、なによりもリシュリューの最大の関心事は、ハプスブルク王家に対する対抗策であった。名実ともにフランス王国を強大化するためには、周囲をとりかこむハプスブルクの勢力圏を打破しなければならないとリシュリューは考えた。

❖三十年戦争

このときすでに、ドイツ国内に起こった新旧両教徒の抗争は、ヨーロッパ諸国が介入する国際戦争の様相を呈していた。この三十年戦争をめぐって、フランス王国政府のなかには、二つの意見が対立していた。その一つは、王母マリー＝ド＝メディシスや側近の高官マリヤックたちである。マリヤックは、この戦いを、あくまで新旧両教徒の宗教戦争と考え、カトリックであるスペインやドイツ皇帝、したがってハプスブルク王家と妥協し、新教徒に対する戦いへの結集を主張した。いわば和平派であった。

これに対する主戦派はリシュリューであった。王国の強大化という執念にとらわれたリシュリューは、この戦いがけっして前世紀の宗教戦争と同じものではないことを見抜いていた。また、それを宗教戦争で終わらせてはならないという確信をもっていた。ハプスブルク王家がカトリックの守護を旗印としているのはあくまでも仮面であって、真実は全ヨーロッパの征服をめざしている、とかれはみたのである。新しい集権国家群によってつくりあげられた国際社会の緊張関係という状況を理解できたものは、当時のフランスの政治家では、おそらくリシュリューぐらいではなかったろうか。まことにリシュリューは冷徹な政治家であった。そして実際に、フランスはリシュリューの考える方向に動いていた。スペインと戦うオランダやドイツ国内の反皇帝派の傭兵隊長に、ひそかに資金援助を行なうという「かくれた戦争」を続けていたのである。だから、リシュリュー派の全面的な勝利とスペインの脅威の増大とともに、フランスは「公然たる戦争」への参加を決めたのである。

一六三五年五月一九日、フランスはスペインに対して宣戦を布告し、三十年戦争に介入する。しかし、フランスのとった短期決戦計画は失敗した。翌三六年になると、スペイン軍は北フランスのピカルディー地方に侵入して、パリに通じる要地コルビーを占領した。さらに騎兵隊が南下して、パリにほど近いポントワーズに達した。西南部でも、スペイン海軍はギエンヌ地方からペリゴールをうかがっていた。

このスペインの緒戦の勝利は、フランスに大きな衝撃を与えた。しかし、ルイ一四世生誕の年である一六三八年の末ごろから、ようやくフランスにとって有利な情勢があらわれてきた。ネーデルラントと海上でのオランダ軍の活動のため、そこにくぎづけされたスペイン軍は、海の補給路を断たれて孤立した。東部ライン地方でも、スペインは要衝ブリザッハを失って、ここでも陸の補給路を断ち切られたのである。その間、フランス軍はようやく陣営を立てなおしていた。反撃に転じたフランス軍は、北部ではピカルディーからアルトワ地方に進攻し、四〇年にはその首都アラスを占領する。一方、南部では、国王みずからルーション地方への遠征を行なった。しかし、戦いはまだまだ終わらなかった。

ここに、読みの深いはずのリシュリューにとって大きな誤算があった。戦争はけっして国家総力戦ではなかった。そこには、各身分や民衆に訴えるなんらの大義名分もなかった。「国益」とか「国家理法」というものとはまったく無関係の傭兵隊が戦場を駆けめぐり、貴族や僧侶、ふるい官僚たち、都市や地域住民たちは、この混乱のなかで不安定な自分たちの特権にしがみつくことに熱中した。そこには「国民意識」というものは生じなかった。

また、戦争はリシュリューの行政改革を中断させたが、戦争の深みに落ちこめばそれだけ、逆に国家の集権力強化をめざす行政改革がいっそう必要になった。増大する戦費をまかなう徴税の管理から、兵士の徴集や糧食・馬糧の徴発、さらに軍隊の経理にいたるまでの仕事は、新しい行政官僚である国王監察官にまかせられた。

❖戦争の影響と王税の重み

三十年戦争は、まず戦場と国境地方の住民に大きな被害を与えた。しかし、被害はそこだけで終わったのではない。影響は全王国におよんでいた。

戦争を続けるリシュリュー政権にとって、戦費の財源は、租税の増徴と官職の新設売却、そ

農家の掠奪

して都市からの借用金などによるほか、これを満たすものはなかった。

租税のうち直接税タイユを増加しても限度があった。だから、さまざまな名目で間接税の徴収が図られた。たとえば、二〇分の一織物売上税（ソル-プール-リ-ヴル）とか、ぶどう酒消費税などという間接税が新設された。また、ふるくからある塩税制度も改められた。

さらに、軍隊のための特別な負担が加わる、強制借用金や軍隊糧秣《りょうまつ》税といわれるものがとられた。また国境に近いところでは、秩序のない軍隊の駐屯《ちゅうとん》や冬営、そして行軍のたびに大きな被害をうけた。軍隊では、給料や糧食の支給がとかくおくれがちだったことから、兵士たちは地元の住民を襲った。それは敵味方の区別もなく行なわれ、農民は森のなかに身を潜めた。

この重荷のなかでも、民衆の生活に影響が大きいものに塩税があった。これは、租税というよりは一種の専売制度であり、そのしくみも一律ではない。全王国は、完全に自由に塩の生産や売買、消費ができる自由地方から、売り値の四分の一が租税として徴収される地方、それが完全に政府によって統制され独占されている大塩税地方にいたるまで、おおよそ四つの区域に分けられていた。パリなどは、この大塩税地方に属した。そこでは一年の塩消費量は一人約三キロと定められていた。ところが、この塩税は国家収入の面からみると、一七世紀前半には収入の約五分の一ほどを占める重要な財源であった。しかも、それは人の生存にもっとも必要なものであるだけに、消費者民衆に重い圧迫感を与えたのである。民衆は反乱のたびごとに「塩税反対」というシュプレヒコールを叫んでいるが、これは悪税一般を塩税ということばでいいあらわしたものであり、それほど、塩税は憎しみの的となったのである。

それに加えて重要なことは、直接税が財務役人によって配分され徴収されたのに対して、間接税は徴税請負人にまかせられたことであった。この徴税請負制は、収税予定の金額を政府にまず前払いさせて、徴税の権利をまかせるという形であった。収税金の前払いは巨額に達したので、前払いできるのは大商人とか高利貸金融業者といった人々であり、また、個人で請け負うよりも集団のほうがやりやすかった。

こうして政府に貸付けをする、いわば御用商人・徴税請負人があらわれる。徴税請負人は、「一件三〇万リーヴルから七〇万リーヴルを請け負ったとき、だいたい三分の一から五分の一の手数料をとった」という記録もあるから、かなりばく大な利得があったと考えられる。そして、この利得を納税者から奪うために町に事務所を設け、なかには銃手隊を雇って、その威力によって徴収したり、勝手な規則をつくって未納者を拘禁したこともあった。だから、つもる恨みをかった徴税請負人は、反抗の直接の目標となり、民衆の激しい攻撃をうけたのである。

しかし、戦費の調達になやむ政府は、前払いに応じるこの徴税請負制度にたよった。直接税不払いが多くなり、また、新しい名目の間接税がふえれば、ますます政府と徴税請負人との関係は密接なものとなるのである。

❖たかまる民衆運動

戦争が泥沼にはまりこみ、戦費が増せば、それだけ国王課税はふえる。しかも一六世紀以来、長期にわたって続いていた経済の好況時代は、ようやく終わろうとしていた。好況から不況への大きな変化が起こっていた時代であった。人々は戦争と課税、そして不況の影に脅かされた。特権とは縁遠く相互扶助のしくみも弱い民衆ほど、その打撃は深刻であった。

生存を脅かされた民衆は、生きる道を求めて反発を開始する。一七世紀にはいると、毎年のように民衆運動が起こっているが、三十年戦争に参加した一六三五年以来、民衆反乱はことに激しく各地に発生し、その規模もしだいに大きくなっている。

一六三五年五月、参戦の数日前、西南フランスのボルドー市からガロンヌ川水系一帯に民衆反乱がはじまった。北フランスでもアミアン市で民衆蜂起《ほうき》があった。この反乱は、いずれも新設間接税に対する反対運動であった。ついで反乱は一六三六年から三七年にかけて、サントンジュ、ポアトー、リムーザンからガスコーニュ、ギエンヌ、ペリゴール、ケルシイ、ラングドック、ニヴェルネ、ブルボネなど、南西部から中部、そして西部地方の都市と農村に広まり、全王国の三分の一以上をおおう大規模な戦いに発展したのである。

一六三九年、民衆反乱の波は北フランスのノルマンディーにおよんだ。それがジァン＝ヴァ＝ニュ＝ピエの乱、つまり「裸足《はだし》のジァン」の反乱である。

反乱は、下ノルマンディーの塩づくりの労務者や荷役人夫といった底辺の民衆の蜂起からはじまり、ルアンやカーンという主要な都市にも飛び火した。「裸足のジァン」という名で呼ばれた謎《なぞ》の人物を指導者として、武装した蜂起軍がつくられていた。

ノルマンディーは、フランスでももっともゆたかな先進地方といわれていた。それはいいかえれば、国王政府にとって財政を潤すたいへん貴重な地方ということであった。「王国の租税の約四分の一を納めているのがノルマンディーであります」と一人の高官がリシュリューに報告しているほどである。だから事態を恐れた政府は、ピカルディーの戦線にいた兵団をわざわざ引きあげて、この反乱を鎮圧したのである。

以上のような反乱は、「裸足のジァン」の反乱もふくめて、すべて王税に対する反乱であった。「塩税なし、国王万歳」という叫びをくり返しながら、民衆はとくに徴税請負人や税務役人を襲った。しかし、それはすべての王税を拒否しようという運動でもなかった。まして、反王権という体制変革の運動とはならなかった。人々は、平安な世をつくり出すものが国王である、という幻想をもっていた。だから、悪税は、この王と切り離された税吏や請負人たちのしわざと割りきったのである。「塩税なし、国王万歳」という叫びはそれをあらわしていた。

そして、反乱は不満をもつ農村貴族や司祭などの下級の僧侶、さらに都市のゆたかな市民や役人たちも加わって大きくなっていった。それにともなって、運動を指導するものと、その組織がつくられていく。おもに農村での領主、都市での司祭や居酒屋の主人、そして弁護士などの自由業者がそのリーダー格になっていった。ところがそこには、地方のあいだの、また都市と農村の、民衆どうしの連帯が成り立っていたのではない。だから、お互いの利害が対立して分裂したり、孤立してしまったり、という状態のなかで鎮圧されたのである。

ルイ一四世は、このような戦争と反乱、そして不況という大きな危機と不安のなかで生まれ出たのである。しかもこの危機状態は、ちょうどルイの成長に応ずるかのように、大きくなっていったのである。

❖リシュリューの死

リシュリューは、重税政策がどんなに悪政であるかを見抜いてはいた。かれは、重税がつぎの六つの悪い結果を生むといっている。それは、商品が値上がりして、貪欲《どんよく》な人間だけにお金をもうけさせること。貴族の収入が減り、国王に軍役の奉仕ができなくなること。商品の流通が減り、それだけ国家収入も減ること。外国貿易がふるわなくなること。失業者がふえること。民衆の恨みをかうこと、である。

しかしリシュリューは、この悪政を続け、ハプスブルクとの戦いを強行しなければならなかった。それは、リシュリューの執念である「王国の強大」のためであった。ハプスブルク王家に対する国際政治や軍事上の劣等意識、オランダやスペイン、そしてイギリスに対する貿易での立ちおくれが、逆に強大な集権国家建設へのあせりとなってあらわれたといえる。

リシュリューの恐れは現実のものとなっていた。「裸足のジァン」の反乱は、その最悪の事件であった。反乱が意外なほど組織的で、パリや隣の地方への呼びかけも行なわれたことは、政府に大きな衝撃を与えた。そのうえ、政府はノルマンディーというゆたかな財源を失うことを恐れた。

だから報復は苛烈《かれつ》をきわめた。大法官セギエが、そのためにノルマンディーにやってきた。ルアンでは全市の家宅捜索と捕囚の反徒たちの虐殺・処刑が行なわれた。指導者は拷問のすえ、路上で生きながら切断処刑されるという悽惨《せいさん》さであった。反乱の拠点であった下ノルマンディーでは、各地で家や城壁がとりこわされて、首謀者とされたものが多数処刑され、死体は町角にさらされた。

この制裁の執行人が、中央政府の手足となる国王監察官であった。これは、そとに向かって「王国の強大」のために必要とされた新行政官僚のしくみが、同時に民衆運動を押さえつけるしくみとして成長していることをあらわしている。事実、この反乱を機会に、国王の集権的な行政官僚のしくみは全国にその網の目を広げていくのである。

リシュリューは「裸足のジァン」の反乱を制圧して危機を脱したが、けっして明るい展望がひらけたわけではなかった。たしかにリシュリュー個人は、一族を要職につけたり、コンデ親王家との縁組で王族の外戚となり血統貴族の仲間入りも果たし、大邸宅をつくり豪華な生活を送った。しかし戦局はゆきづまり、果てしのない戦いが続いていた。そのうえリシュリューは、政敵たちをつぎつぎと倒しながら権力の座についてきただけに、かれを憎む敵も多かった。

一六四二年、リシュリューに対する最後の陰謀が起こった。サン゠マール侯という若い国王付きの貴族がその首謀者であった。しかし、リシュリューの張りめぐらしていた密偵の網の目は、この陰謀を許さなかった。サン゠マールのスペインとの密約書は書き写されて、リシュリューのもとに送られた。こうして、サン゠マールは捕らえられ処刑されたのである。

この年リシュリューは、ルイ一三世とともに南部ルーションの奪回戦に遠征した。しかし、もともと病身だったリシュリューは潰瘍《かいよう》におかされ、やつれはてた身を担架にのせられてかえってきた。これが枢機卿の命とりになった。一六四二年一二月四日、リシュリューはその生涯を閉じた。「わたしには、国王と国家の敵よりほかの敵は、なかった」ということばがリシュリューの最期のことばであった。

リシュリューは、たしかに「国王の尊厳と王国の強大」を念願として生き続けた。そのねがいは生前には実現されなかったが、やがて、かれのかためた基礎のうえに強大な王政が建設される。それがルイ一四世の時代であった。

マザランとフロンドの乱

❖ルイ一四世の即位

少年王ルイ14世

リシュリューが死んで、ささえを失った国王は、まもなく病の床につくようになった。自分の死を悟ったのか、皇太子ルイのことをしきりに心配した。そして、自分が死んだあとの摂政《せっしょう》政治と人選をとりきめたりした。それからまもなく一六四三年五月一四日、リシュリューを追うように国王は永眠した。

翌日、ルイは母后アンヌ＝ドートリッシュにつきそわれてパリの王宮にはいった。まだ四歳八か月の幼児ではあったが、ここにルイ一四世の治世がはじまったのである。

それから数日たって、幼きルイ一四世は母后とともにパリ高等法院におもむき、親裁法廷をひらいた。これは母后が摂政となり、その統治の方向をきめる重大な会合であった。この席上、アンヌは摂政太后として、最高機関である国務会議の人事をきめることをまず宣言し、つぎに、リシュリューののこした寵臣のうち、イタリア人マザランを宰相に任じた。それ以来ルイ一四世の成人するまで、マザランはフランスを動かす中心人物となった。

マザラン

❖宰相マザラン

マザランはローマ教皇の一介の家臣にすぎなかった。そのかれが、どうしてフランス王国の権力の座につくことができたのであろうか。いましばらく、マザランなる人物の栄達の謎をさぐってみよう。

マザラン自身の語ったところによると、マザランがフランスに行く決意をしたのは、一人の占星術師の予言であった。

マザランは二六、七歳のころフランスに渡り、王室に出入りしてリシュリューとはじめて会ったと思われる。このときリシュリューは、マザランのもつ外交手腕を高く評価した。リシュリューはのちになって、「マザランの諸国に関する広い知識と、冷静でしんぼうづよく、そしてペテン師ともうけとれる陰険な用心深さは、国王陛下にとってたいへん有用なことである」と書いている。リシュリューはマザランの外交上の駆け引きの才能に、はやくから目をとめていたのであろう。

そしてこのとき、フランスはイタリア諸国家、とくにローマ教皇とヴェネチアのあいだに対スペインの同盟を結ばせようと企てていた。これに対しハプスブルク陣営では、新教勢力を援助するフランス王室を激しく非難していたのである。外交上の駆け引きの手腕を必要とするような国際政局が、そこにあった。

一六三八年、皇太子ルイが生まれたとき、国王とリシュリューは「皇太子の洗礼の教父であるマザランをローマ教皇特使に任ぜられるよう」との手紙をローマ教皇に送っている。これは、マザランに対する信任がいかに厚かったかをあらわしていると同時に、ルイ一四世とマザランとの根の深い因縁のきずなをあらわしてもいる。マザランは三九年にフランスに帰化し、四一年には宿願の枢機卿に任命されたのである。

さて、ルイ一四世の幼年時代は、このように摂政太后アンヌ゠ドートリッシュと宰相マザランの政治であった。奇《く》しくも、一人はスペイン王家の出であり、他の一人はイタリアの僧侶である。しかも、フランスはスペインを敵とし、イタリアの地でも戦いを続けていたのである。ところが、このアンヌとマザランは、きわめて親密な関係になっていったといわれている。摂政太后になったとき、アンヌは四一歳であったが、年齢もあまりちがわないマザランのなかに、過去に満たされなかった愛情をみつけ出したのであろうか。ともかく、マザランの地位はリシュリュー以上に強固に思われた。

さきにふれたように、ルイ一四世最初の親裁法廷がひらかれていたころ、東北部戦線ではフランス軍が、パリをめざして進撃する二万五〇〇〇のスペイン軍をロックロアで撃破するという戦いが行なわれていた。このフランス軍を率いたのが二二歳の若き勇将アンガン公ルイ＝ド＝ブルボン、のちの大コンデ親王であった。

ルイ一四世の即位はロックロアの戦勝で飾られ、祝われることになったが、三十年戦争そのものは、それでもなお終わらなかった。戦争は、宗教戦争の性格から王家の利害をめぐる国際戦争へと変容し、さらに地方諸邦から傭兵隊にいたるまでの、もろもろの利害がこれとからみ合い、もつれ合って、ほとんど終戦への見通しは立たないように思われた。それでも、一六四二年ごろから終戦交渉がドイツのウェストファリア地方のミュンスターとオスナブルックで行なわれてはいた。そして一六四四年以来、交渉が本格的にすすめられるようになっていった。このとき、マザランの外交上の手腕がふるわれることになるのである。

ところが、講和交渉を有利にするためには、もっと決定的な戦場での勝利が必要であった。だから交渉の反面、戦争は依然として続いた。そのため、戦費の負担はいっそう重くなり、不安定なフランス社会を、ますます危機に追いこんだのである。

❖ゆらぐ三身分制

それではいったい、この時代のフランス社会のなにが不安定だったのであろうか。およそ一七世紀のフランスは、僧侶と貴族、第三身分という三身分制が、事実のうえでくずれかかっていた時代である。もちろん、身分制度がなくなり権利の平等な社会になったというのではない。三身分の区別をあらわす特権というものが実際にあまり意味のないものとなり、その区別があいまいになったということである。

一六世紀の「領主制の危機」といわれる時代を経て一七世紀にはいると、まず僧侶身分は、貴族と第三身分のなかに事実上、没し去ってしまう。たとえば、司教の大多数は貴族の二男や三男が国王によって任命されるようになり、また、町や村の司祭や助任司祭といった下級僧侶は民衆のなかに溶けこんだのである。

第二の身分とされた貴族身分には、いっそう大きな変化が起こっている。貴族は、とくに血統や出生が大事にされ、また武装能力・自衛能力がそのシンボルとされたから、剣の貴族といわれた。ところが、実際にこの誇りと面目を保つことができたのは、一部の大貴族や王族だけであった。領主特権と地代収入だけをたよりに生きている地方の小貴族は、危機に耐えることができないで没落していった。たとえば、北フランスの一老貴族は、ふるい戦いの傷がもとで両腕とも不自由になり、「若き時代を国王への軍役奉仕にささげて、身体と財産をそこない、いまは、わらぶきの小さな家と、領主地代として一〇〇リーヴルほどしか生じない土地だけがのこった」と嘆き訴えている。なかには、国王への出陣・軍役の奉仕もできないほど貧困になった貴族があらわれているのである。三十年戦争初期のフランスの劣勢は、こうした事情とからんで、貴族の出陣令に失敗したことが原因の一つであった。このような地方の小貴族たちは、誇りと面目を保つことができた大貴族たちをねたみ、時世を嘆く不満の徒となっていくのである。

さらに、この貴族身分を決定的に混乱させたのは、剣の貴族といわれる旧貴族に対し、市民出身の新貴族が登場したことである。貴族の土地を新たに所有したものや、高級官職を保有したものなどが、国王によって貴族号をさずけられる。だから一般に法服の貴族と呼ばれた。この新しい貴族は、ふるい剣の貴族たちから「卑しい成り上がりものの町人」とさげすまれたが、法のうえでは、まったく同じ特権をもったのである。そればかりか、この成り上がりの町人は、しだいに全貴族身分の主流へとのしあがっていくのである。血統を重んずるはずの剣の貴族も、その誇りを守るためには、新貴族の資産と結びつかなければならなかった。両者のあいだは、心情のうえでは蔑視《べっし》し合いながらも、現実には結びついていったのである。

以上の僧侶や貴族身分は、直接税タイユを免除される特権をもっていた。だからこそ特権身分といわれていたのである。ところが当時の貴族の大部分は、自分たちが免租特権のおかげをうけているとは、けっして思っていなかった。むしろ反対に、王権が自分たちの特権を圧迫し、貴族尊重の基本をさえ侵しているというのが実感であった。それは、国王の諸課税徴収が、貴族の領主としての収入を実際に減収させたからである。軍役奉仕やその代納金の支払いなども、減収した貴族の家計にとっては、たいへんな重荷だったのである。

❖ふるい官僚と新しい官僚

これに対して、第三身分とは特権をもたない身分のはずである。ところが、この第三身分は、その他もろもろの人々の、いわば「くず箱」なのであり、種々さまざまな特権をもった人々がふくまれている。なかでも注目されるものは、裁判や財務などの官僚たちである。この官僚のことは、フランス王政の根本問題にかかわることであるから、少し立ち入って描いてみよう。

いま、現代の行政機関を考えてみよう。それは専門の各官庁に分かれ、おのおのの部局は上下の秩序と統制のとれた指令で動いている。そこにはたらくものは専門の官僚たちである。この官僚は担当の部署について責任をもつが、その範囲外のことではなんの責任ももたない。同時にその官僚は、一片の辞令によって任免され、また転任したり昇格したりする。そして、その地位に応じた固定給料で生活する。このようなメカニズムが成り立つのが上意下達の近代官僚制である。そこでは、官僚は自分の職務の履行者であるから、指令に反することは職務の不履行であり、自分の範囲外の仕事をすることは越権行為となり、職権と地位を利用して利益を得たりすれば汚職として告発される。ところが官僚制というものは、いつの世もこうであったのではない。このような組織的な官僚制は、近代国家政治のにない手として、はじめてあらわれたものである。

一八世紀までのフランスの官僚の大部分は、およそこのような近代官僚とたいへんに異なっていた。なによりもふるい官僚たちの大部分は、官職を自分のものとして買いとったその保有者なのである。ここに近代の官僚との根本的なちがいがある。官職の保有者であるということは、官職にともなった職権によって利益を得たり、官職を家の財産として息子に相続させたり、娘の持参金代わりに婿に与えたり、また他人に売却・処分したりできたということである。だから、官職は官僚のはたらく分担機能や権限をあらわしているのではなくて、利権と特権をあらわしたということができる。

官職の保有者は、固定した給与をうけとるほかに、「つけとどけ」とか「手数料」といわれる、かなりの役得収入があった。このような役得は、けっして汚職ではない。この場合の役得は、官職が利権であることのあらわれなのである。それは、裁判や財務にかかわる当然の処置料といった意味をもっている。ところによっては、そのほかに慣例として特別な役得を定めたものもある。たとえばルアン市では、地方財務官という役人が市の魚卸商組合から、にしん一樽《たる》と燻製にしん二〇〇本を毎年うけとる「にしんの権利」というものがあった。このように、役得は正当であって、役得をうけないほうがむしろ偽《にせ》の役人と考えられたのである。そこには汚職という考え方はまったくなかった。

また、この官職の保有者には、免税特権などをふくむ特権がみとめられている。それは、利権の一部と考えられていたのである。そして高級官職の保有者には、新貴族への道がひらかれていた。そのうえ、戦費の調達に苦しむ国王政府は、新しく官職をつくり出しては、それを一般に売り出すという手段をとり続けた。だから、ゆたかな商人や地主たちは官職を買い、それを息子に相続させながら、身分の上昇を図ることができたのである。ここに、上は法服の貴族から下は裁判所警吏などにいたる、新しい特権集団が一つ形づくられていった。それはふるい三身分のうえにまたがり、それを事実のうえで切りくずしていったのである。

しかし、このような官職を保有するふるい官僚は、集権国家をめざす国王政府にとって都合の悪いものとなっていた。政府は、この官僚たちを自由に指令して動かすことができなかったし、やめさせることもできなかった。そこで考えられたことが、リシュリュー以来の行政改革であった。その結果生まれた国務会議と国王監察官の直属行政官僚制は、権力集中をになう、まさに上意下達の近代官僚の素質をもっていたのである。そして、この新しい行政官僚は、ふるい官僚の利権と地位をつぎつぎと侵しながら、その力を強めていった。ここに新旧両官僚群の激しい対立が発生する。戦争の進行は、この体制のなかの矛盾・対立をますます深めていくのである。

❖都市と地方の特権

アンシァン‐レジームの社会では、特権は身分に対してだけ与えられたのではない。都市や地方にも、おのおの独特の特権がみとめられていた。フランスの都市は特権をもつことがその特色であり、特権ということばと自由ということばは、同じ意味に用いられたのである。一定の都市には、自治行政権を中心に、直接税タイユ免除特権、自衛・警察権、徴税権などの特権が歴代の王によってみとめられていた。またフランスの各地方でも、地方身分制議会のあるエタ地方とそうでない地方、塩税が免除されている地方とそうでない地方など、地方ごとの独自のしきたりが特権としてみとめられたのである。

こうみてくると、特権をもつ身分ともたない身分とに分かれていた三身分制は、明らかにくずれはじめているのである。もともと身分制とは、王政のもとにあって、安定と保身を、特権と慣習というかたちで求めた体制であった。だから王国の人々は、おのおの特権と慣習の団体をつくって王に承認と保障を求め、協約を結んだのである。まことに、この社会は特権と慣習の世界であった。フランス社会の不安定とは、一つに、この特権と慣習が侵されたり、縮小したり、消滅したりする不安であった。そのうえに特権をもたない人々の、もたざる不安と不満とが重なる。しかも人々は、その不安定な特権を捨て去ることができないのである。

戦争がながびき、それだけさまざまな特権や慣習を侵す集権国家の体制がつくられていけば、それに対する反抗が各方面から起こってくるのは当然であった。とくに、官職保有者たちはふるい権益を守るために、パリや地方の高等法院を拠点として、新しい行政の集権組織と新官僚に抵抗する。そのうえに、マザランに対する王族や大貴族たちの反感が加わった。

このようなマザラン政権に対する反発が民衆運動と結びついて、大きな反乱となったのが、一六四八年にはじまるフロンドの乱であった。

❖フロンドの乱のはじまり

マザランの時代にはいると、それまであまり大きな騒ぎの起こらなかったパリも、ようやく騒然とした空気につつまれるようになった。それは、マザラン政権の財務長官エムリーが、パリに関係する課税をつぎつぎに新設したからである。ゆたかな市民に対する富裕税やパリ入市関税、そして城外区住民に対する家屋税など、そのほとんどがパリの全住民の利害にかかわる課税であった。なかでも家屋税というのは、おどろくほどでたらめな課税であった。一〇〇年前に出されて、まったく忘れ去られていた法令のなかに、パリ城外区での家屋の新築を禁ずる法令があった。この禁令をみつけてきて、それをもとに城外区に建てられた家屋の敷地に課税するという途方もないものであった。この課税は、住民の強い反対にあって、すぐにひっこめてしまったが、パリ民衆の反王税運動は、このころから幅広い動きをはじめた。しかも、運動を大きくしたのは、パリ高等法院がそれを支持したからであった。

パリ高等法院というのは、一三世紀、聖王ルイのときに、国王側近会議から分かれたふるい歴史をもつ国王裁判機関である。それは、国王裁判の頂点として、最高の裁判権をもっていたばかりではない。立法上のはたらきとして国王の勅法を登記し発効させる勅法登記権と、行政上のはたらきとして王に意見を述べる建白権をそなえていた。

ちょうどこのころ、イギリスではクロムウェルの革命が行なわれていた。イギリス革命は、フランスの各方面にいろいろな意味の影響を与えていた。パリ高等法院の評定官のなかには、高等法院のパルルマンという名とイギリス議会パーラメントの名の近さだけに目を向け、自分たちもイギリス議会と同じ役割をになっているという錯覚を起こすものもあらわれた。

一方、国王政府からみると、パリ高等法院やその他の地方高等法院などは、地方のふるい慣行や規則・特権を守り、官職保有のふるい官僚の巣窟になるばかりで、集権国家への歩みを妨げるものと考えられた。だから国王政府は、ことあるごとに高等法院と、それを中心拠点とする全王国のふるい官僚である官職保有者の力と特権を、なしくずしにしていこうとしたのである。そして、国務会議から国王監察官にいたる直属行政官僚制の完成をめざした。この体制は戦いをおしすすめる臨戦体制となり、また、国内の民衆運動を押さえつける抑圧のしくみともなった。

パリ高等法院は、自分のふるくからもっていた特権を守るため政府に対抗した。それは同時に、ふるい裁判や財務の官職保有者の、新しい行政官僚に対する戦いでもあった。このため高等法院は、マザラン政権に反対するものにできるだけ共闘の手をさしのべた。

❖ 連合裁定

さて、一六四八年、戦争はようやく最終局面にはいろうとしていた。と同時に、財政危機もさらに深刻になっていた。そのため、政府は一月にはいってからつぎつぎに新しい布告をだした。そのおもなものは、宮内審理官という当時のエリート官職を倍増し高値で売却しようという法令や、官職保有者たちの給与を四年間支払い停止にしようというものであった。それは財政危機を打開するというよりも、明らかに官職保有者たちを押さえつけるためであった。

官職保有者たちはこれに反抗して、五月になるとパリ高等法院を中心に反政府ののろしをあげた。五月一三日、パリ高等法院は租税院・会計院・大法院というパリの最高諸院の代表たちを集め、諸院連合を結んで「連合裁定」という共同決議を行なったのである。これは、パリ高等法院のなかにある聖王ルイの広間に代表が集まって、国政改革の会議をひらき、政府にその実現を求めるというものであった。この反抗は「高等法院のフロンド」といわれる反乱で、ここにフロンドの乱がはじまった。

パリ高等法院の動きに大きな衝撃をうけた政府は、この諸院連合を切りくずす工作をはじめ、連合裁定の無効を宣告した。

しかし、五月から七月にかけて聖王ルイの広間では、諸院の代表たちの会議がほとんど連日にわたってひらかれていた。討議は、しだいに国政改革の方針を明らかにしていった。それは、高等法院のもっていた立法や行政上のはたらきを強めて国政の中心におき、その敵として憎んでいた国王監察官を廃止し、また地方税務機関を高等法院の管理のもとにおこうというものであった。さらに、不法な課税や理由のない不当逮捕や拘禁《こうきん》を拒否する気負った態度も、そこにみられた。

政府はそのため、ついに悪税の創設責任者である財務長官エムリーを罷免した。そして七月末には、高等法院がなによりも第一に求めた国王監察官制度の廃止と、直接税タイユの八分の一減税をみとめる、という大幅の譲歩をしたのである。

ところが、これで事態がおさまったのではなかった。政府は後退しながら、実は反撃のチャンスを待っていた。摂政太后とマザランがのぞみを託したのは、なによりも三十年戦争の終結であった。ノルマンディーの大貴族ロングヴィル公は、すでにウェストファリアのミュンスターにおもむき、停戦交渉をすすめていた。そして東北部戦線では、若きコンデ親王が勝利の転戦を続けていた。停戦のときは熟していた。事実、七月下旬、戦場にあったコンデ親王が突然パリにかえって、王宮で太后やマザランとなにごとか協議しているのである。

またパリ高等法院は、全員が反政府の線にまとまっていたのではなかった。法院議長モレは政府と結びついて、反マザランの中心人物ブルーセルとは政敵のあいだ柄にあったから、ひそかにブルーセル派を追い落とそうと謀《はか》っていた。摂政太后とマザランは、この高等法院内部の不統一を見通していたのである。ここに反撃の突破口があった。

❖バリケード事件

パリ高等法院の動きに対して、パリの民衆は反税運動を散発的にくり返していた。民衆が王税に激しく反対するのは、自分たちの納める租税が、そのまま国庫の収入になるのではなくて、そのかなりの額が中間の徴税請負人の手にはいり、その私腹をこやしているとみていたからであった。実際、請負人の中間利得は、さきにふれたようにばく大な金額にのぼっていた。

ところが、財政の不安定な政府にとっては、徴税請負人が応じてくれる税収入の前払いが絶対に必要であった。急ぎの出費があれば、ますますこの徴税請負人の融通をあてにする。だから、徴税請負制は王政を補う重要なしくみとなったのである。このころ、一人の高等法院の評定官は、「国王監察官は、人々から国王の役人とはみられないで、徴税請負人の下僕《しもべ》とみられて憎まれている」と公言している。それほど、集権国家体制をつくる行政官僚、国王監察官も、徴税請負人と密着していたのであろう。ここに、民衆とパリ高等法院を結びつける共通の敵があった。

そして、この徴税請負制度を激しく責めたてたのが、反マザラン派の中心評定官ブルーセルだった。聖王ルイの広間では、パリの徴税請負人たちが政府への税収前払い額の二倍にあたる金額を徴収している、という疑いが広まっていた。高等法院などの評定官のなかには、徴税請負人との姻戚《いんせき》や血縁のものもかなりいたので、多くのものはかかわり合いを恐れて沈黙していた。しかし、ブルーセルは徹底的な調査を要求し、高等法院も八月二二日、おもな請負人の告発をきめた。ここで、この御用商人たちを一挙に打ち倒してしまおうとしたのである。

このとき政府は、八月二〇日、コンデ親王のフランス軍がランスの戦いに勝利をおさめた、という吉報に沸いていた。それは、ながいこと待ちのぞんだ決定的勝利のしらせであった。これに自信をもった政府は反撃の計画を立てた。ノートルダム寺院でランス戦勝祝賀のミサが行なわれるときに、ひそかにブルーセル、ブランメニルなどを逮捕し、高等法院から反マザラン派を一掃してしまおうという策略であった。

八月二六日の朝、国王ルイ一四世は、太后やマザランとともにノートルダム寺院のミサに参加していた。同じころ、太后の親衛隊副長は数人の兵士をつれて、サン‐ランドリイ街のブルーセルの邸に向かい、部屋着でくつろいでいたブルーセルを逮捕し郊外につれ去ったのである。ブランメニルもまた、郊外のヴァンサンヌの森に連行された。この事件はパリの民衆を立ちあがらせた。事件を知ったパリ民衆は、ノートルダム橋やサン‐トノレ街などに集合しはじめ、ブルーセル邸の対岸にいた船頭たちも船をあやつって集まってきた。ほこ槍《やり》や鉤竿《かぎざお》などをもった民衆は、ブルーセルを乗せた四輪馬車を追って、「殺せ、殺せ」と叫びながら走った。そして、ポン‐ヌフ（新橋）の上で親衛隊やスイス傭兵と衝突した。このとき、親衛隊長はピストルで一人の船頭を射殺した。民衆は怒りに燃えあがった。パリの街には、いたるところに鎖と石と土のバリケードが築かれ、道路の敷石がはがされた。民衆のバリケードのほかに、その掠奪を恐れる富裕商人のバリケードもつくられた。当時の記録を読むと、高等法院を説得しようとした大法官セギエも、収税役人の総元締めとみられてパリ民衆に追われ、一軒のホテルの屋根裏部屋にかくれて、ようやく難を免れている。

騒ぎは翌日も続いた。高等法院が召集され、摂政太后やマザランと交渉が行なわれた。この

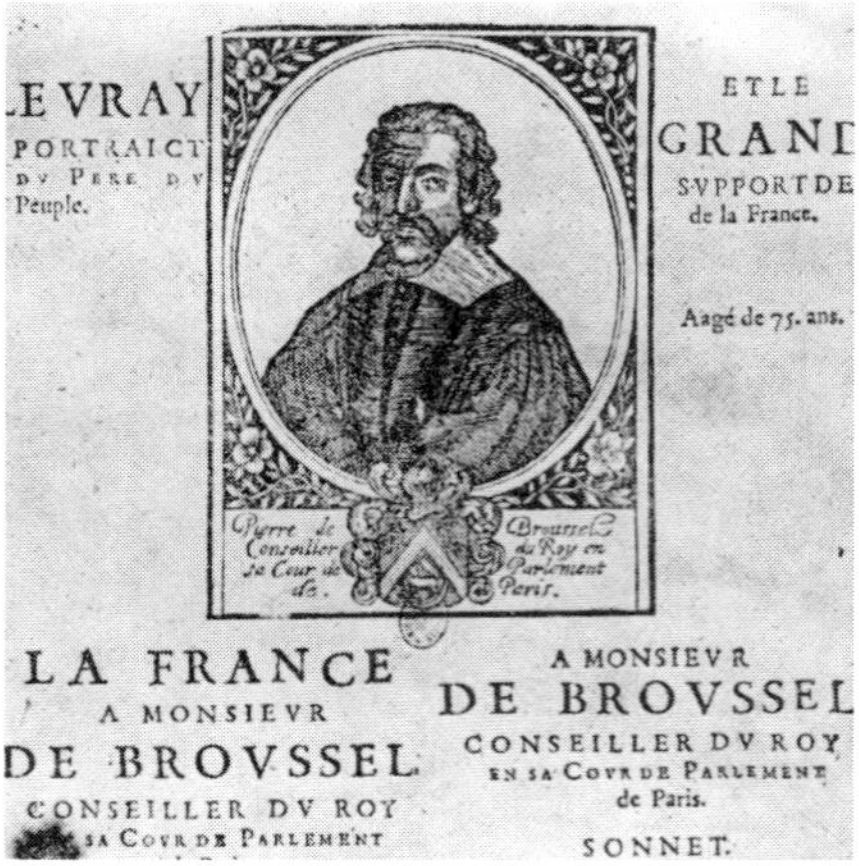

ブルーセルをたたえるパンフレット

あいだも民衆は王宮や高等法院をとりまき、「国王万歳、ブルーセル万歳、高等法院万歳」という叫びをくり返した。そして、王宮の外に姿をあらわした高等法院長モレと親政府派の一団をみつけると、その妥協の態度を非難して、「はやくブルーセルをとりもどせ」と叫んですわり込みをはじめた。こうしてパリ民衆は、なかなか団結できなかった高等法院をブルーセル釈放要求の方向に向かわせたのである。高等法院は、そのうしろにこの強硬な民衆の声をききながら、釈放の交渉を続けた。民衆はこのように、ただ反乱に参加したというだけでなく、その方向を決定する力になったのである。政府の計算は、このために大きくはずれてしまった。二八日、ブルーセルは釈放された。「バリケード」事件は政府の敗北で終わった。

❖リュエイユの講和

勝利にいきおいづいた高等法院は、その国政改革を実行するために、五月の連合裁定以来の提案を正式の法令として布告するよう政府に迫った。追いつめられた政府は一〇月二二日、

「サン-ジェルマンの布告」を発して、高等法院の要求を全面的にみとめた。一五か条から成るこの布告は、減税のほかはそのほとんどが高等法院と官職保有者の特権を保障するものであった。

しかし、ねばり強く術策にたけたマザランが、このまま引きさがるわけはなかった。サン-ジェルマンの布告を出した二日後、三十年戦争の終結を告げる念願のウェストファリアの講和が成立した。これは、マザラン外交の勝利であった。そこでマザランは、戦い終わった貴族、とくに英雄コンデ親王の威力をかりようと図った。

一六四九年一月五日の夜、マザランは予定の計画にしたがって、国王と太后をともないパリから郊外のサン-ジェルマンに脱出した。そして二四時間以内に、高等法院はパリからモンタルジへ、会計院はオルレアンへ、租税院はランスへ、大法院はマントへ移るよう最後通告を発した。同時に、コンデ親王の軍隊は、パリを包囲して糧道を断つ作戦に出た。こうして、反撃に転じたマザラン政府は、ひそかにパリ市政庁と連絡をとり、反高等法院の動きをパリの街に引き起こそうと策した。

一方、高等法院側も反マザランの貴族の支援をうけ、市民軍をつくって政府と対決のかまえをみせた。集まった反マザラン派貴族のなかには、策謀家として知られるパリ副司教ゴンディ、のちのレ枢機卿やエルブーフ公、ブイヨン公、ロングヴィル公など、名だたる武将の姿があった。そして、その総指揮官は実にコンデ親王の弟コンティ公であった。また、政府が期待したパリ民衆の反乱も起こらなかった。それどころか、民衆は反マザランの戦いに結束した。

ところが皮肉なことに肝心の高等法院は、実のところ戦意を失っていた。かれらは前年一〇月の勝利で満足していたところに、イギリス王チャールズ一世の処刑のニュースで大きな衝撃をうけていた。王あっての高等法院であり、王政のなかで優越すればそれでよかったのである。だから、「マザランと取引するな。戦え、戦え、われらをだますな」と叫ぶ民衆と貴族の反対を押し切って、三月三〇日にリュエイユの講和を結び、政府と妥協してしまった。高等法院のフロンドは終わった。

❖貴族のフロンド

パリ中心の最初の反乱は、こうして一応おさまったが、波乱はさらに地方にもおよんだ。時世に不満をもつ地方小貴族たちは、管区内の農民と結びついて反王税運動をすすめていた。それに、中央と地方、剣の貴族と法服の貴族、新旧官僚の対立といった利害をめぐる争いがからみ合い、各地でばらばらに反乱がはじまっていた。北部のノルマンディーでは、名門大貴族である州総督ロングヴィル公と高等法院が結んで中央政府に反抗した。しかし、南部のプロヴァンスやギエンヌ地方では、州総督が地方貴族を集め各地の高等法院と対立した。だから、それは反乱というよりは、集権体制がくずれて生じた混乱といったほうが正しいかもしれない。

　一方、パリではコンデ親王が、こんどは弟コンティ公、義兄ロングヴィル公と結びついて政権をねらっていた。これに対しマザランは、まず、その地位の安定を図るために、メルクール公など有力貴族と自分の姪《めい》たちとの結婚政策をすすめた。そして五〇年一月、突如としてコンデ親王とその一門コンティ公、ロングヴィル公を逮捕し、ヴァンセンヌの獄に閉じこめてしまったのである。ところが、このことはかえって各地の貴族を反マザラン運動へと駆り立てることになった。こうして反乱は、「貴族のフロンド」といわれる段階にはいった。

　マザランは、幼いルイ一四世を奉じて、北はノルマンディーから東のブルゴーニュ、そして南のギエンヌへと転々とした。これに対して反マザランの貴族たちは、ボルドーにのがれたコンデ親王妃や才色兼備の噂が高いコンデの姉ロングヴィル公妃を、そのシンボルにまつりあげて、貴族の結束を呼びかけた。名将テュレンヌや陰謀家ゴンディもこの陣営に加わった。さらに五一年二月、パリ高等法院がマザランの追放を決議した。このような情勢に敗北を悟ったマザランは、パリを脱出してシャンパーニュからドイツへと亡命した。同時にコンデ親王たちは釈放された。

　この勝利にいきおいづいた剣の貴族たちは、ふるくからの特権を守るために、全国三部会の召集を要求した。ところがこの要求は、新しい貴族である法服の貴族たちを押さえつけるものであったから、パリ高等法院や市政庁が反対し、二つに分裂してしまった。コンデはいったん引きさがってギエンヌの州総督となり、五一年九月、妃の待つボルドーにはいった。

再起のときを待っていたマザランは、一二月、チャンス到来とフランスにかえってきた。しかし、これが逆に苦境にあったコンデ親王を救ったのである。マザラン帰国のしらせをきいて、ふたたび反マザランの叫びがあがった。マザランの首には一五万リーヴルの賞金がかけられたりした。こんどは、コンデが反撃に転ずるときであった。五二年四月、コンデは反マザランの市民感情をたくみに利用して、「わたしを愛するものはわたしに従え、そしてマザランと戦え」と叫びながら、馬でパリの街に乗り入れた。武装した約一万の民衆は、コンデを英主と思いこんで、その軍隊と合流した。

コンデ親王

七月にはいるとコンデ軍は、王党派に寝返ったテュレンヌ軍と、パリ城外サン-タントワーヌで戦った。この戦いに苦戦したコンデは、大マドモアゼル（モンパンシェ）の機転に助けられ、そのままパリ市内にとどまり、コンデ派貴族中心の政府をつくった。マザランはふたたび亡命した。

ところが、このあいだにパリ市内には反コンデ感情が高まっていた。街には「王も親王もいらない。自由万歳」というビラがまかれていたが、新政府の実態やコンデ軍の住民に対する暴行掠奪事件が知らされると、まず、サン-マルセルなどの城外区住民たちが反コンデ運動の口火を切った。パリの商人、市政庁、ついで高等法院がそれに続いた。民衆の支持を失ったコンデはパリを離れた。一〇月、ルイ一四世はパリにかえった。翌五三年二月、マザランはすっかり平静にもどったパリに呼びもどされた。「出迎えた国王は、耳まで口ひげをのばしたマザランを抱擁しました。王宮で夜食が供せられ、大きな祝い火がともされ、爆竹がひびき、人々はマザランをとり囲み、恩恵をうけようと追従《ついしょう》の限りをつくしております」と、当時の一貴族はマザラン復権のもようを伝えている。貴族のフロンドは終わった。

❖楡の木党とボルドー

貴族のフロンドは、名門貴族たちの策謀と裏切りがめまぐるしくもくり返され、スペイン軍やドイツ傭兵隊の力さえもくりこまれた動乱であった。しかしこの動乱で、貴族たちは都市の民衆や農民と結びつかなければ戦いぬくことができなかった。コンデ親王の動きがそれをよくあらわしている。だから、フロンドの乱の底には民衆運動の流れがあった。それは動乱のなかでしだいに成長していった。この民衆運動のなかでも、きわだった活動をくり広げたのがボルドーの楡の木党（オルメー）であった。

ボルドーは、ふるくからイギリスと親密なところであり、またスペイン国境にも近い都市である。ぶどう酒の輸出港として名高く、ギエンヌ地方の首都で地方高等法院もある。フロンドの乱がはじまると、この都市は、パリと並んで反乱の一方の焦点となり、最後までマザラン政権に抵抗を続けた。その抵抗の組織が楡の木党であった。

この党派は、五〇年ごろに信心会という手工業者たちの相互扶助のしくみをもとにつくられた。デュルテートという一人の商人とヴィラールという弁護士を指導者として、高等法院の下役人からギルドの親方や職人、そして港の荷役人夫など、かなり幅広い人々が集まった。そのため、信教についても新旧両教徒が混ざり合い、政治上の考え方も、スペインとの連合をのぞむものから、イギリスと結び共和政をうち立てようとするものまで、さまざまであった。とくに五一年の夏、イギリス水平派の指導者の一人セクスビイがボルドーにきて、水平派の方針を示した「人民協約」をつたえると、その影響をうけて、楡の木党のなかには人民主権を主張するものもあらわれた。しかし、その主流はあくまでコンデを支持する旧教徒のスペイン派であった。コンデはその支持をうけて、はじめてボルドーを根城にマザランと戦うことができた。ボルドーからコンデ親王への報告書のなかに「いまもなお、コンティ公とロングヴィル公妃は、激しい熱情をもって楡の木党を動かしております」という一文がみられる。いかに楡の木党の力にたよっていたかがわかる。

この主流派は、まず、ゆたかな商人が独占する市政と高等法院をうち破り、信心会の素朴《そぼく》な互助の考え方をもって新しい秩序をうち立てようとのぞんでいた。それは、共和政をのぞんでもいなかったのである。だから五二年六月、城外区の貧しい住民たちがゆたかな市民たちの邸宅地区を襲ったとき、楡の木党主流は、同時に市政庁を占拠して市政の改革をはじめた。市政庁や城外区にはスペインとの連合をあらわす赤旗がかかげられた。かれらは、スペインからもイギリスからも援助をうけようとした。しかし復権したマザランの政府軍は、水陸両面から全力をあげてボルドーを攻めたてた。楡の木党内部にも切りくずし工作がくり返された。こうして五三年七月、最後まで抵抗したボルドーは降伏した。約五年間フランスを混乱と危機におとしいれたフロンドも、ここに終わったのである。

❖フロンド以後

五年の歳月をかけたこの反乱は、いったいなにを生み出し、なにを失ったのであろうか。よくみると、この反乱には両陣営の決定的な激突というものがない。そればかりか、両陣営という敵と味方の区別さえもできかねるほど離合集散が激しい。コンデが敗退したのは、パリ市民の支持を失ったからである。マザランは亡命をくり返して、勝敗のかたがついたとき、パリにかえってきた。テュレンヌはまた、フランスの対戦国であるスペインと連携しながら戦っている。高等法院や市政庁は、いつも日和見主義者であった。

それは、この反乱がおのおのの特権や特権と結びついた慣行のための戦いだったからである。だから、反乱は反マザランではあっても反王権・反体制ではない。一方、王権もおのおのの特権を完全に消滅させようというものではない。ただ集権体制のもとに、それを組みこめばよかったのである。だから、徹底した対決はそこに起こるわけがなかった。それは民衆運動のなかにもあらわれている。農民は、反領主特権の戦いではなくて、領主と結びついた反王税闘争をすすめていたのであり、都市民衆もまた、ふるい神秘的な互助組織が依然として運動の中心だったのである。このために、特権と慣行の体制に根底から反対する叫びは、ただ宣言やパンフレットやアジビラのなかにしかあらわれなかった。

しかし、フロンドの被害そのものは、ながく深い影響を与えた。破壊と掠奪に続くペストと飢餓の惨状は、戦いのくり返されたパリ周辺やギエンヌ・ブルゴーニュなどにいちじるしく、出生率は低下し死亡率は高まった。フロンドの影響は、そののち半世紀、まさにルイ一四世の時代に暗くながい影を投じたのである。

また、復権したマザランにとって、戦いはいまだに終わってはいなかった。スペインとのながい戦いがのこされていた。しかも、パリを脱出したコンデ親王はフランドルにはいって、こんどはスペイン軍を指導していた。そこでマザランは、国内の旧教徒や王族の反対を押さえて、クロムウェルのイギリス政府と同盟を結んで陣営をかためた。この点、リシュリュー同様に実効を尊重するマザランの現実政治家としての面が如実にあらわれている。そしてテュレンヌの率いるフランス軍は、六〇〇〇のイギリス兵とイギリス海軍に支援され、一六五八年六月、「砂丘の戦い」でスペイン軍を撃破し、ダンケルクを占領した。スペインには、もはや軍隊も貨幣もなかった。オーストリアのハプスブルク家のたすけも期待できなかった。

一六五九年一一月、スペインは力尽きてピレネーの和約を結んだ。一七世紀初頭から続いていたスペインとのながい戦いはようやく終わった。それは同時に、ウェストファリア条約とともに、ハプスブルク王家に対するブルボン王家の完全な勝利を意味していた。

II

太陽王の親政
——「朕は国家なり」

親政のしくみ

❖ルイ一四世の結婚

フロンドの乱は、少年王ルイ一四世の心に深い傷をのこした。王はこの反乱のなかで成長した。その人格と情緒の形成期にうけた激しい動乱の経験は、王のなかに決定的な人間不信の感情をはぐくんだと考えられる。晩年、王は「何人《なんびと》に対しても愛着をもってはいけない」と孫に教えたという。この生涯を貫く人間不信は、少年期の反乱の体験に根ざしていた。王はまた首都パリをきらった。一六四九年一月、夜陰に乗じてパリをひそかに脱出して以来、王は母后とともに転々と住居をかえた。パリはけっして安息の地ではなかった。やがて、郊外のヴェルサイユに宮殿を建ててパリを離れたのも、この首都に対するいまわしい記憶のためであった。

王は成長するにつれ、帝王の威厳と尊大さを身につけるようになったが、そのなかに秘めた優美さは抗しがたい魅力となっていたようである。

王はやがてマリ＝マンチーニという娘を愛した。マリはマザランの姪《めい》である。しかし、マリは王妃になることができなかった。君主中心の主権国家がお互いに競い合うような一七世紀ヨーロッパの国際社会では、王の結婚は、また重要な国際外交の道具であった。だからマリの伯父《おじ》マザランは「王国のために」マリを断念するよう王にねがった。そして、ピレネーの和約でフランスの優位を決定的にするために、王とスペイン王フェリーペ四世の長女マリー＝テレーズとの婚約を、条約の一項に加えたのである。それには、マリー＝テレーズが五〇万エキュ金貨を持参金とする代わりに、スペイン王位の継承権を放棄するというとりきめがあった。ところが、敗北したスペインには、五〇万エキュ金貨の持参金をそろえることができなかった。そのうえスペイン王にはこのとき、虚弱で死を待たれているような王子が一人いただけであった。マザランや、会議にのぞんだフランス全権リオンヌは、十分それを計算に入れていた。持参金未払いを利用して、スペインに君臨する機会をねらったのである。

一六六〇年六月九日、スペイン国境に近いサン＝ジャン＝ド＝リュズで、ルイ一四世とマリー＝テレーズの結婚式典が行なわれた。それは、勝者が敗者を制圧するための力の婚儀であった。こうして、ブルボンとスペイン王室との血のきずなはさらに濃くなったが、同時に、それがまたスペインとの再度のながい戦いの糸口にもなっていくのである。

❖マザランの死

さてフランスは、ウェストファリアとピレネーの両条約によって王国の領域を拡大した。とくに、東部でのアルザス制圧はライン進出のねがいを果たし、また北部アルトワの吸収はフランドル地方への進出の足場をつくったのである。そこにブルボン王家の両ハプスブルクに対する優位がうち立てられた。宰相マザランは、この優越のもとにヨーロッパの戦後体制をつくりあげようとした。そのため、すでに一六五八年、西ドイツ諸邦のあいだに中立保障のライン同盟を結ばせている。さらに、北ヨーロッパにまで外交の手をのばし、一六六〇年、オリヴァ条約をもってスウェーデンとデンマークやポーランドを妥協させ、バルト海の平和をつくりあげた。このため、オーストリアの北方進出は押さえられた。また、イギリスにスチュワート王朝が復活したのをみてとると、ただちに王弟フィリップとイギリス王チャールズ二世の妹アンリエット＝ダングルテールとの政略結婚を考えていた。こうして、マザラン外交の万全の総仕上げが行なわれたのである。それは、きたるべきルイ一四世の盟主政策（ヘゲモニー政策）の地ならしになった。だがマザランは一六六一年三月九日、自分の能力を出し尽くしたかのごとく死去した。

占星術師のことばにしたがってフランスに渡ったマザランは、リシュリューの見込みどおり、すぐれた現実外交の手腕をふるってフランス王国の地位を高めた。しかし、マザランの死とともに宰相政治も終わる。その死は同時に、ルイ一四世の時代、親政開幕のときであった。

❖太陽王登場

ルイ一四世親政の半世紀は、またフランス王国がヨーロッパのうえに政治上の優位をうち立てた時代であり、ルイ一四世がヨーロッパ第一の君主という尊大な誇りをもって君臨したときであった。それはまさに、「ルイ一四世の時代」といわれる半世紀である。

マザランが死ぬと、当時二二歳の王は、ただちに重臣たちを集めて、みずから統治に当たると宣告した。それは一時の気まぐれではなかった。親政を決意したのは、若き国王の人間不信の心情と、王としての強い使命感によっていたと思われる。のちに王は、「統治を他人にまかせてはいけない。自分が統治者なのだ。宰相をもってはいけない。自分が決定するのだ。あなたを国王にした神さまが、あなたに必要なことを与えてくださる」と、スペイン王になる自分の孫にさとしている。親政という「王の仕事」を果たすものこそ、神から王権を与えられた真の王であるという信念が、ルイ一四世の生涯を貫いているのである。

親政開始の翌一六六二年、王は祭のための舞踊《バレエ》衣装をつくった。それには輝くばかりの太陽がデザインされていた。すべてにあまねく光をつたえ、いたるところに生命のよろこびを生む

太陽の舞踊衣装を着たルイ14世

太陽、しかも、たえず定められたみちをはずれることなくたどる太陽のデザイン、そこにルイの信念の象徴があった。そして、危機の時代を生き、将来に不安をもった人々は、太陽に飾られたルイのなかに期待の幻想をもった。幻想は祖父アンリ四世をこえ、シャルルマーニュをこえて、アウグスツスの再来という期待を生んだ。この期待の幻想がルイの親政をささえた。以来ルイ一四世は、太陽王の名で呼ばれるようになった。

❖親政と政府

ルイ一四世は「ファラオ（古代エジプトの王）のような高慢さ」をもっていたと評されている。たしかに、その高慢さをあらわす逸話はたくさんある。太陽を自分のしるしとするなどは、いかにもファラオである。それならば、ルイ一四世は古代エジプトの専制君主と同じなのであろうか。親政とは、いったいどういう意味としくみをもっていたのか。この疑問を問いつめていけば、ルイ一四世の時代に完成したといわれる絶対王政とはなにか、という大きな問題にぶ

国務会議

つかる。

親政を宣言したルイは、「すべての日、すべての誓い、すべての尊敬は、ただ王にのみ注がれる」ことをねがう唯一の最高君主を自負していた。そのうえに人間不信の心情が重なって、ルイは王族や大貴族そして腹心といったものを好まなかった。だから王は、中心機関である最高国務会議のなかから、まず母后をはじめ、王弟や王族たちを締め出してしまった。ついで大法官や大司教、大貴族たちも追い出してしまう。そこには血統や称号に関係なく、政治能力のある数人の国務大臣が列席するだけになったのである。しかも、この国務大臣にしても、親政五四年間に、わずか一六人をかぞえるにすぎない。そして、この体質改造とともに国務会議の専門分化がすすめられ、結局、最高国務会議を中心に財政国務会議、司法国務会議、内務国務会議、宗教国務会議が整備された。しかし、それは整備されたというよりも、むしろ中心である最高国務会議が王によって無視されたことを意味していた。事実、法の力をもつ国務会議裁定は、会議を素通りして、国王と四人の国務卿や財政総監によって決定されたのである。

国務卿というのは、いわば重臣で、国内を四分しておのおの内政の責任範囲をうけもち、またその他の統治についても分担したものである。たとえば、その一人ル＝テリエは、ポアトーのほか七地方の内政と、王国の軍事や直接税、レバント貿易関係を担当した。

ところが王は、この国務卿やコルベールのような財政総監もまた、心底から信頼したのではなかった。王は、この重臣たちのあいだに対抗意識をかき立てながら、それを操作しているのである。たとえばル＝テリエとコルベールの対立である。

このように王は、他人まかせの宰相政治も、話し合いによる合議体制もしりぞけたのである。だから、このとき「朕《ちん》は国家なり」という有名なことばがもっともふさわしいような状態が、そしてまた「絶対王政」という語句どおりの強大な力をもった王権が出現したように思われた。

しかし、国務会議を無視したり腹心を好まなかったのは、あくまで王の趣向であり、それがそのまま実態をあらわしているのではない。たとえ王の意志にしたがった指令や法が布告されたとしても、それが現実に履行され守られなければ、法令ではなくなってしまう。だから問題は、親政がどういう実態のなかに築かれ、どう運営されたかにかかっている。それはちょうど、現代の民主政なるものが、議会制度の存在という形式だけで考えられてはならないのと同じことである。

親政は、たしかにルイの強い意志のあらわれた人事によって行なわれた。しかし、国内外の政策を企画したのは有能な実力者たちであった。それは、外交手腕にすぐれたリオンヌ、軍事専門家ル＝テリエ、財政に卓越した才能をもつフーケの「三人組」といわれる人たちであった。もっとも最後のフーケは、のちにふれるように公金着服の罪を負って無期徒刑にされ、そのあとに有名な財政家コルベールが加わる。いずれも故マザランがのこした寵臣《ちょうしん》たちであった。この実力者たちは、さらに息子や親族を要職につけ、一種の門閥をつくりあげた。ル＝テリエがもっぱら担当していた軍事の部門は、そのまま息子ルーヴォアに受け継がれた。コルベールは弟のクロワシイ、息子のセニュレイとともに一門をかためた。結局、宰相や腹心をきらったはずのルイは、このように事実のうえでマザランののこした才覚ある寵臣たちにたよらなければならなかったのである。親政は、サン＝シモンのいう「卑しい町人どもの統治」であった。

❖国王監察官のはたらき

それでは、だれがこの企画や政策を、そして王令を全国につたえ執行したのであろうか。それは各地方に配置された国王監察官であった。国王監察官は、しくみのうえでは中央の国務会議の指令にしたがう地方行政の責任者である。王令がどれほど有効に行なわれるかは、地方に駐在するこの国王監察官のはたらきにあった。この意味で、王権の集権力は国王監察官制度にかかっていたといえる。中央の三人組の政策をとってみると、コルベールの産業政策にしろ、ル＝テリエやルーヴォアの軍制にしろ、どれもが国家の集権力を強化しなければ成功しない政策ばかりである。こう考えると、親政時代の政策の成否の鍵《かぎ》は国王監察官にあった。

国王監察官という制度は、前にもふれたように、リシュリューの行政改革でつくり出されたものであった。それは、ふるい官僚たちを押さえるためでもあったから、当然、新しい官僚の特色をかねそなえていた。

第一に、国王監察官は俸給官僚であった。ふるい官僚のように役得収入をうけとることはできなかった。高給でその地位が保たれたから、役得をうけることは汚職になった。ここでようやく「汚職」という考え方が生まれたのである。また、官職というものの考え方もちがってくるのである。

第二に、国王監察官は、ふるい官僚のように、その官職を自分のものとして保有することはできなかった。だから、中央政府から指令を出して自由にはたらかせることができ、また自由に任免したり転任させたりすることができた。こうなると、国王監察官は政府の手足として王権と強く結びつくことになったのである。実際に、国王監察官は官僚のなかでもエリートの地位であり、ここからさらに、国王顧問官を経て大臣や大使、財政総監に出世するものが多かった。それは出世コースに乗るエリート官僚の門であった。

第三に、国王政府から任命されてくるこの役人は、任地とはあまり結びつきをもたなかった。この点でも、大部分が地元出身者であるふるい官僚とかなりちがっていた。国王監察官の多くはパリ出身なのであった。だから、この役人は任地でのふるいきずなや利害にとらわれないで仕事をすることができた。と同時に、いつも中央と結びついている、いわば「中央志向」型の役人であった。

このように国王監察官の特色を描いてみると、それは、われわれが現在のエリート行政官僚にもっているイメージとぴったり一致する。ということは、国王監察官は近代タイプの官僚として生まれてきたということである。ただし、その職権というか仕事の範囲からみると、管理の体制がきびしくなれば、それだけせまく深い部門に閉じこめられる現代の官僚とは、大きなひらきがあった。

国王監察官は、「裁判・警察および財務の監察官」というながいタイトルが、その正式の名である。このタイトルにあらわれているように、その仕事の範囲は、裁判から警察、そして財務問題にまでおよんでいる。国王監察官は、地方や都市の裁判所や財務局や役所などにはいりこみ、干渉したり、実情調査を行なって国王政府に報告した。つまり、地方常駐の目付役であり後見人であった。

しかし、もっと大事なことは、政府のおりおりの政策にしたがって、国王監察官の仕事はふえ続けていったことである。戦争がはじまれば、兵士の徴集、武器・糧食の補給と調達から軍隊宿営地の世話まで、国王監察官の仕事であった。また民衆反乱を恐れた政府は、かならず国王監察官に不法な集会や反乱の計画などを調べさせ、その鎮圧から裁判と処刑までいっさいをまかせた。さらに地方のふるい官僚たちを統制し不正を告発したり、地方に送りこまれた政府の密偵を指揮するのも国王監察官であった。ルイ一四世親政の初期、コルベールは国王監察官に、直接税の配分割り当ての監督と、地方都市の財政状態の立入検査を命令している。

国王政府は国王監察官を使って、州総督や地方高等法院、その下にある下級裁判所、そして地方財務機関を押さえ、また、ブルターニュなどの地方議会を骨ぬきにし、地方都市の市政に介入したのである。

こうみてくると、国王監察官はいかにも地方のなかの絶対君主の観があった。だから、「フランス王国は三〇人ほどの国王監察官によって統治されているのだ」と、ふるい貴族たちは嘆いたのである。

❖親政の実状

「ただ一つの王」をめざす太陽王、有能な中央の三人組、そして地方で采配《さいはい》をふるう国王監察官、これが親政の演出者たちであった。それならば、このような少数者の官僚政治は、一七世紀フランスの社会とどうかかわるのであろうか。

この点で、もう少し国王監察官制を掘りさげてみよう。国王監察官は、その仕事の範囲が広いからといって、一人で裁判官と税務役人と警察署長、そして軍司令官をかねたというのではない。それは、あくまで既設の地方機関や特権団体に対する監督者であり目付役なのであった。

一七世紀フランスの社会は、すべてが均質の社会ではない。地方や都市は協約によって、ふるい慣行や特権を王から保障されている。そういう地方ごと都市ごとの特権、職能団体や身分上の特権、住民共同体の慣行が入り混じってできあがっているのが「地方」であり、その全体が王国であった。このことは前章でふれたとおりである。だから国王監察官の地方行政とは、この地方のいろいろな特権や慣行をもった集団を、いかに統制し操作するかということなのであった。地方機関や特権団体は、けっして消滅していなかったのである。それどころか、それは国王監察官を補佐するかたちで国王行政に組みこまれていった。実際、あまり任地の事情を知らない国王監察官は、地元の有力者たちを監察補佐官として使っていった。しかし、国王監察官の下部組織となった監察補佐官は、国王政府が任命した国家の役人ではなくて、国王監察官が個人的に仕事をまかせた人々にすぎなかった。だから、中央の国務会議から地方の国王監察官にいたる官僚支配のしくみそのものは、末端まで貫かれることなく、ここで断ち切れているのである。つまり、国王監察官制度は親政時代に完成されはしたが、近代国家の集権体制のしくみそのものは、不完全なものにすぎなかったのである。

また国王監察官は、ふるい官僚とちがって自由に任免される俸給官僚ではあったが、この地位につくものは、ふるい官僚つまり官職保有者のなかから選ばれたのである。だから、国王監察官の大部分のものは、べつに高等法院やその他の官職をもち、その利得をうけていた。国王監察官への最短コースといわれた宮内審理官という官職などは、そのために非常に高い値がついて取り引きされたのである。これは国王監察官にかぎったことではない。親政の中枢である国務卿は、職そのものが売買される官職であった。そして、国務卿は同時に、かなり値の高い高級官職の保有者でもあった。このことは、新しい行政官僚といっても、それは高級官職保有者のなかから生まれ、その特権を一方で保ちながら統治に当たっていたことをあらわしている。

こうみてくると、親政は、ルイ一四世の勝手な思いつきで動くような政治ではもちろんなかった。また、王の前に平等という社会でもなかった。ただ不安定な特権と慣行から成り立つ社会があり、この特権体制を必要とする不完全な官僚政治がそこにあった。ルイ一四世の態度が、古代エジプトのファラオのように高慢であったとしても、その専制政治を復活させることはできなかった。

王権はまた、「ただ一つの法」をたてまえとした。そして、基本になる法典を王令として公布していった。一六六七年の「民事訴訟法典」、一六七〇年の「刑事訴訟法典」、一六七三年の「陸上商法典」、さらに一六八一年の「海上商法典」と続き、また、森林保護のための一六六九年の「河川・森林管理法典」、一六八五年の「植民地法典」と、六つの基本法典をつぎつぎと編集し制定した。

ところが、これによって「ただ一つの法」という法的な統一化と「法の前の平等」が成り立ったわけではない。地方では、依然として地方ごとの地方慣習法が守られていたのである。地方慣習法が健在なのは、慣習によって住民共同体がつくられ、また農村の領主や地主、都市の市民の特権が慣行として守られているからである。そしてこの慣習は、住民の一日の、そして一年間の、さらには一生涯の日常生活を定める「きまり」であり、世代から世代へとつたわる伝統であるが、各地域で異なっていたのである。たとえば、日常生活と切り離すことのできない度量衡の規準をとってみると、一升（ボアソー）の量はパリと地方とでは大きなひらきがあり、同じ地方でも隣村とでかなりちがいがあるという、千差万別の状態であった。西フランスの上ポアトーという地方の例をとってみると、パリで一升一三リットルの容量が、一升六リットルの村から一リットルの村まで、一二七市町村で三六とおりものちがいがあった。この複雑さからわたしたちは、フランス革命のとき、ジャコバン政府が定めたメートル法の重要性をあらためて確認するのである。

このような日常の生活慣習と伝統の地域差のうえに、地方慣習法がつくられていたのである。そして、これにしたがって裁判するところが、地方高等法院とその配下の区裁判所であった。高等法院は親政時代にはいると、ますますその建白権や登記権を侵され奪われていった。また、高等法院などを拠点とするふるい官僚や官職保有者たちも、一六六五年の売官制を統制する王令以来、圧迫され続けた。

しかし結局のところ、国王政府は高等法院も売官制度も消滅させることはできなかった。地方慣習法を守る高等法院を抹殺することは、地方の特権と慣行と伝統を打破することであり、それは王権をみずからの手で否定することになるからであった。だから、高等法院は地方慣習と特権を守る通常の裁判所として、むしろ不完全な王の官僚政治を補うしくみとして在続したのである。

こうみてくると絶対王政は、一方に高遠な理念と「たてまえ」が描かれ、他方に、それと大きく隔たった実態があったことを知る。絶対王政は、この「たてまえ」と実態とのあいだに大きなひらきのある政治であった。「ただ一つの王、ただ一つの法、ただ一つの宗教」という語は、この「たてまえ」をあらわしているのであり、不安定な特権と慣行から成り立つ社会と、そのうえにつくられた不完全な官僚政治は、その実態をあらわしているのである。そこでつぎに節をかえて、この政治の実情を、おもにコルベールの生涯とその政策をみながら描いてみよう。

コルベールとその政策

❖コルベールのおいたち

コルベールは、国務卿三人組のなかでも、親政をおしすすめてフランス王の栄光をヨーロッパにうち立てた中心人物である。かれはとくに重商主義の大財政家といわれている。大臣たちを信頼しなかったルイ一四世も、さすがに「コルベールがたいへん熱意と知性と誠意のもち主であることを知っている」と、コルベールに畏敬《いけい》の念をもっていたのである。

コルベール

ジャン＝バティスト＝コルベールは、一六一九年八月二九日、フランス北部の都市ランスに生まれた。毛織物と絹糸を扱う商人の子として育ったコルベールは、ジェズイット（イエズス）教団の塾を卒《お》えると、リヨンやパリに行って、商人や金融業者、そして検察官などの家をわたり歩き、見習修業を続けた。このおいたちから、サン＝シモンは「卑しい町人」と呼んだのである。

しかし、コルベールを単純に商家の出身であるとするのは正しくない。たしかに、父ニコラはランスの毛織物商人である。しかし、かれは同時にヴァンディエールと名づける所領の領主でもあった。また一六三〇年には二万八〇〇〇リーヴルで小官職を買い取った官職保有者でもあった。母マリー＝ピュソールも地方評定官の妹である。このコルベールの家系をたどってみると、商取引で得た利益をもって所領と官職を購入し、ブルジョアから官職保有者へ上昇する新興家系であることがわかる。

ただしコルベールは、官職の利権と年金だけを求めて家産のなかに安住しようとする一般の新興家族たちとはちがって、自分の能力を鍛えていった。ジェズイットの塾では、かびのはえたラテン語や神学などを習う代わりに算数に熱中したというから、のちの緻密《ちみつ》な経理能力はこのあたりからつちかわれたのであろうか。そのうえ、実地見習の住みこみ修業は、大財政家の素地をつくりあげた。

一六四九年、フロンドの乱のさなかに、コルベールは陸軍局のル＝テリエの秘書官として、はじめて官職についた。そして、このル＝テリエの使者として、コルベールはマザランと対面した。このときから、マザランはコルベールの勤勉で誠実な態度にひかれ、やがて自分の腹心に加えた。フロンドの時代、マザランはフランスの内外を転々としながらも、摂政《せっしょう》太后アンヌ＝ドートリッシュとはひんぱんに連絡していることにおどろかされるが、その連絡の役を果たしたのが、腹心のニコラ＝フーケとコルベールである。

❖フーケとコルベール

フーケはコルベールの最大のライバルで、結局、対抗者コルベールのために失脚して、牢獄で半生を送った非運の人物である。このフーケの波瀾《はらん》の生涯、とくにその裁判は、ルイ一四世の親政の実情をかなりはっきりと反映させる事件である。そこでいま、その事情を描いてみよう。

二人は、ともに才覚のある政治家としてマザランに重く用いられた。しかし、その性格は、まったく対照的といえるほどちがっていた。コルベールがたいへんに几帳面《きちょうめん》で冷たい感じの「北部の男」（セヴィニイ夫人評）といわれ、あるいは「大理石のような男」（ル＝テリエ評）といわれて、いわば陰性の人物であったのに対し、フーケはきわめておおらかで華美を好む陽性の人物だった。コルベールは、フーケと出会った初印象を、「育ちがよくて有能で、将来、要職につくことができる人物」としるしている。コルベールはフーケの前に出ると、いつも、その洗練された身のこなし方から才能いっさいに、たいへんな劣等感をもっていたようである。

フーケの城館

たしかに、フーケは大きな野心をもっていたようである。フロンドの乱が終わり、マザランが復権するとまもなく、フーケは頭角をあらわしてくる。一六五三年に財務長官が死去したとき、フーケはその職を継承することに成功した。このことは、コルベールにひじょうに大きな衝撃を与えた。コルベールもまた、ひそかにこの財務長官の地位をねらっていたからである。若いころから経理を学び、財政問題に関心をもっていたコルベールにとって、財務長官として王国財政を切りもりすることは、その最高ののぞみであった。いま、それが僚友フーケに奪われたのである。二人の対立はこのときからはじまった。怨念《おんねん》に燃えたコルベールは、このときからフーケ失脚の機会をねらった。

一方フーケは、あまりコルベールを気にしなかったようである。そして、かれは財務長官の職権を利用して、御用商人や徴税請負人を保護しただけでなく、その仲間に加わって、たちまち巨額の富をたくわえていった。国の公金と私財をフーケは混同していた。しかし考えてみると、徴税請負制度というものが、もともと公私の混同なのであり、このようにして巨大な私財を築いたものは、なにもフーケにかぎらない。マザランなどは、戦乱のさなかにどうしてたくわえたのか、死んだときに六〇億リーヴルという大金と多くの金塊をのこしていたのである。

ぜいたく好きで華《はな》やかな宮殿暮らしを夢みたフーケは、この大金で領地を拡張し、三つの村をつぶして、そこに豪壮な城館を建てた。これがヴォーの城館といわれるフーケの大邸宅であった。ル゠ノートルが設計した邸宅と庭園、ル゠ブランの描くゴブラン織やプーサンの絵に飾られた部屋《へや》部屋と、当代第一級といわれた芸術家たちがこの豪邸をつくりあげ、飾りつけた。ルイ一四世のヴェルサイユ宮殿の原型が、ここにできあがったのである。そして、かれはこのなかに詩人ラ゠フォンテーヌなどを招いてそのパトロンとなった。またフーケは、一見したところ礼儀正しく、とくに婦人にいんぎんな男だったから、たくさんの女性たちが艶《えん》を競ってこのヴォーの城館に集まり、華やいだサロンがそこにつくられたのである。『手紙』で名高いセヴィニイ夫人もここに出入りした一人であった。

フーケがわが世の春をうたっているあいだ、コルベールは執念深くフーケの身辺を洗っていた。そして、その不正徴税や公金着服の罪状のかずかずを並べあげた文書をつくって、マザランにさし出した。しかし、マザランはうなずきはしたが、とりあわなかった。コルベールはさらに、フーケを特別裁判にかけるように訴えた。それでもマザランは、フーケを切り捨てようとはしなかった。

❖暗黒のフーケ裁判

一六六一年、マザランが死んでフーケとコルベールの対決のときは迫った。フーケにはこのときどういう意図があったのか、盛夏八月にルイ一四世をヴォーの城館に招いて、まばゆいばかりの祭典をもよおした。王は豪壮華麗な城館と庭園に魅せられたが、同時に、それがルイ一四世の王者の自尊心をいたく傷つけてしまったのである。もともと国王は、フーケから何回か借金をしたことがあり、むしろ最初はフーケに好意と同情をもって接していたと思われる。ところが、このことがあってから、王の心はねたみへ、さらに憎しみへと変わっていった。

ルイ一四世もぜいたく好きで豪壮華麗な雰囲気を愛した。しかし、それは唯一最高であるべきフランス王の特性である、と王は考えた。もっともすぐれたものは王がもたなければならない。だから、王族の血をうけていないフーケごとき人物に、王以上のぜいたくと華麗な暮らしが許されてはならないとルイ一四世は感じたと思われる。

実際フーケは、フランスの王位をねらったとはいえないまでも、リシュリューやマザランのような事実上の王、無冠の帝王の位置を求めたのではないか、といわれている。たとえば、フーケの紋章は「りす」であるが、それには「登れないところがあろうか」という銘句がきざまれ、りすの登る木の頂には王冠が飾られていたのである。この紋章の構図をフーケ自身の野心とただちに結びつけることは、あまりにこじつけではあるが、ねたみと疑念をもった人々の目には、この紋章すらも王位をねらう野望の証拠とみえたのであろう。

さらに、几帳面で精励な王は、乱雑で大ざっぱなフーケの財政に激怒した。フーケを呼び出した王は財政状態を報告させた。そこで王は、使途不明の金額をきびしく追及した。「陛下は、政治にはかなりの機密費が必要だということを十分ごぞんじと思います。陛下の寛大なご配慮をねがうものであります」と、フーケはたじたじとなって答えたといわれる。そこには、若き国王の親政への気負いが強く感じられる。

そのうえ、フーケにとってもっと悪いことがもちあがっていた。それは、復位したばかりのイギリス王チャールズ二世が、ルイ一四世あての文書をもって、「フーケがベルーイル島にイギリスに対する要塞を築いている」と非難したことであった。ベルーイル島はブルターニュ半島の沖合いにある島で、フーケが買い取っていたのである。ルイ一四世はこのことをまったく知らなかった。しかもコルベールは、このとき「フーケはベルーイル島を購入いたしました。それは、ここに海の砦《とりで》をつくって、陛下から王位を奪う計画を実行するためであります。そのために、かねてからフーケは手金を渡して地方の総督たちを手なずけておいたのでございます」とルイ一四世に言上したといわれる。

コルベールにあおられたルイ一四世は、一六六一年九月五日、ナントでフーケの逮捕を命じた。ナントでは王や高官たちが列席して、ブルターニュの地方議会をひらくことになっていたのである。フーケは捕らえられ、鉄格子《てつごうし》のはまった馬車でバスチーユへと送られた。

　フーケの特別裁判は、その後一六六四年まで続いた。それは異例にながい裁判であった。この異例さは、フーケ事件がしくまれたでっちあげ事件であるという疑いを濃くさせる。事実、王権奪取の「陰謀」計画は、フーケの家宅捜索でもその証拠を発見することができなかった。フーケの友人たちはつぎつぎとかれを弁護した。裁判の首席判事でさえも、しだいにフーケに同情をよせていったのである。

　結局、フーケは公金着服の罪だけで告発された。しかし公金着服といっても、およそ官職を利権とする官職保有官僚が健在であるかぎり、公私の別はつけがたく、汚職の観念もない。さらにフーケがあやつった徴税請負制度は、国家財政と分かちがたく癒《ゆ》着している状態なのである。このようなとき、フーケだけに、とくに公金着服の罪をきせることは、それがしくまれたでっちあげ事件であったという印象をさらに強くする。コルベールは、フーケに同情した首席判事に対しても陰に陽に圧迫を加え、結局、失脚させ引退させてしまったのである。まさに、暗黒の裁判であった。

　一六六四年一二月、無期徒刑を宣告されたフーケは、その後死ぬまでの一五年間、ピニュロルの獄で余生を送った。こうして、フーケは政敵コルベールの私怨《しえん》のいけにえとされて果てた。

❖二大門閥の政治

フーケが追放されると、財務長官の職も廃止された。そして一六六五年には、それに代わる財政総監職がつくられコルベールが任命された。もちろんコルベールは、リシュリューやマザランのように、国王をしのぐ、いわば無冠の帝王ではなかった。ルイ一四世の意志は、王国政治の中枢を左右する力をもっていた。しかし、「たてまえ」として王が最終決定を行なったとしても、当時の政策の多くはコルベールの構想にもとづいていた。またコルベールは、海軍や貿易、建設などの高官職をかね、その実弟や長男や甥《おい》などでつくるコルベール一門の力は巨大であった。

いま、ルイ一四世時代の中央行政の担当者の略表をあげてみよう。

大法官	セギエ→○→ル＝テリエ→○→ポンシャルトラン（父）
財務総監	コルベール→ル＝ペルティエ→ポンシャルトラン（父）→○→○
外務卿	リオンヌ→ポンポンヌ→コルベール＝ド＝クロワシイ→コルベール＝ド＝トルシイ
陸軍卿	ル＝テリエ→ルーヴォア→バルブジュ→○→○
海軍卿	リオンヌ→コルベール→セニュレイ→ポンシャルトラン（父）→ポンシャルトラン（子）

（井上幸治編『フランス史』二一八頁を参照）

この表のなかにあるコルベール゠ド゠クロワシイは大コルベールの実弟、コルベール゠ド゠トルシイはクロワシイの子、また海軍卿のセニュレイはコルベールの実子である。そして一定の時期、たとえば一六八〇年をとってみると、大法官にル゠テリエ、陸軍卿にその子ルーヴォアと、ル゠テリエ一門が占め、他方、財政総監にコルベール、外務卿にクロワシイ、海軍卿にセニュレイと、中央高官職は、ル゠テリエとコルベールの二大家族によって占められていることがわかる。この表にある陸軍卿バルブジュがルーヴォアの子であり、コルベール死後の財政総監ル゠ペルティエが同じくル゠テリエ一門であることをつけ加えると、親政の執行は、国務卿三人組から二大門閥の手へと移り変わっていることがわかる。

このような門閥が王政の中枢にできあがったのは、リシュリュー以来の官僚政治も、結局ふるい体質から脱しきっていないことを示している。そして、このふるい体質を生み出し、ささえているもとが、不安定な特権と慣行から成り立つ一七世紀フランスの社会であった。

ルイ一四世は、この両門閥を使い分け、その対抗心をあやつりながら親政の実をあげた。そして、陸軍を主として担当したル゠テリエ一門と、財政と貿易と海軍をうけもったコルベールは、ともに集権体制を強化しながら、その政策をおしすすめていった。

❖コルベールの重商主義

フーケを失脚させ、財政総監になってその念願を果たしたコルベールは、それまでいだいていた構想を一挙に実現しようと図った。財政家であったコルベールは、国家の集権力によって経済を繁栄させる方策、つまり、ふつう重商主義といわれる保護政策をとった。この重商主義政策は、コルベール主義ともいわれるようになったが、その考え方自体は、すでにリシュリューがいだいていた構想であった。はじめの章でふれたように、「国家の強大」を目標にしたリシュリューは、さまざまな政策の面でもコルベールに先鞭をつけている。たとえば、大西洋と地中海を結ぶ運河とか、新フランス会社をはじめとする植民会社の構想などをリシュリューは考えていた。それを実現したのがコルベールであった。

それならば、なにによって「国家の強大」をなしとげようというのであろうか。コルベールは、「国家の強弱の加減に差があるのは、ただその国のもつ銀のゆたかさによる。そして、全ヨーロッパに流通している銀は一定量で、ときおり西インドからの流入で増加するだけである」「だから銀をふやすには、それだけの銀を奪いとらねばならない」と説いている。したがって、貿易は銀を奪うための「貨幣戦争」なのであり、だからこそ、「国家にとって、もはや貿易以外のものはまったく必要ではない。貿易は国家を繁栄させる」と断言した。この貨幣戦争にうち勝って銀をふやすためにたいせつな原則は、輸入を減らし輸出をふやすことであった。

コルベールはまた、「フランスは、実際に必要なもののすべてを生産することができる。したがって、国境の外から何も買ってはならない。反対にフランスは、余った生産物をすべて外国に売らねばならない」といっている。外国では、ぶどう酒も小麦もブランデーも亜麻布もあまり生産できないだろう。だから、それを手に入れようとフランスにたよってくるだろう、という考え方がそこにあった。一見したところ、たいへん楽観的な見方である。生産に必要な資本も労働も、そして技術も国家の集権力によって開発し利用できると考えたのであろうか。

ところが実情は、楽観どころかきわめて悲観的な状態にあった。時代は決定的な不況期にはいり、国内の経済活動は低下の一途をたどっていた。そのなかで、先進国のオランダやイギリスに立ち向かわなければならなかったのである。コルベールも、このことは十分知っていたことであろう。知っていたからこそ重商主義政策が必要であった。たとえば、フランス製品が少々ドイツで売られているという報告をきいて、コルベールは一人の僧侶に、「市がひらかれているとき、フランクフルト（西ドイツの都市）に旅行して、フランス商品の有無、小売されている商品、人が買い入れている商品、そしてフランス商品の消費の状態」について、くわしく調査し報告するように指令している。このような細心の調査のうえに国家の計画がすすめられた。それは、つぎの三つの政策を中心としていた。第一は保護関税の政策であり、第二は国家の資本力と外国の技術を導入する国内産業の育成政策である。そして、第三は海外植民活動の拡大政策であった。

保護関税の政策についてみると、一六六四年、ついで一六六七年と、二回にわたって関税率が引きあげられ、結局、香料のほかはほとんど輸入できないような状態になった。とくに一六六七年の新関税は、輸入毛織物などの関税率を一挙に二倍以上に引きあげたため、毛織物生産の先進国オランダやイギリスに正面から挑戦する結果となった。当然、オランダも一六七〇年にはフランス商品を締め出す報復手段をとったため、オランダ戦争という武力衝突へ拡大する一因となった。そしてその結果、またもとの関税率に引きもどされてしまった。このように、コルベールの保護関税政策は、なかなか成功しなかったのである。

❖特権マニュファクチュール

コルベールがとくに重視した政策は、第二にあげた国内産業の育成であった。銀をふやすためには、輸入を押さえてその流出をふせぐ以上に、できるだけ外国にフランス商品を売却する積極手段が必要である。そのためには、輸出向けの国内産業を育成しなければならない。これが重商主義者の論法である。だから、貿易以外のものは必要でないといったコルベールも、結局は国内産業の育成を重点政策としたのである。

国内産業の育成ということは、国家の集権力によって資本と労働力を集めて企業を興し、技術や流通の面でもそれを助成する。こうして育てられた企業を中心に、国内のすべての生産者をきびしい規制によって国が管理しようというのであった。だから、育成は同時に統制と管理を意味していた。しかし実際には、集権力の不完全な王権は、特権や特典を与えるという形で育成を図ったのである。

コルベールは、まず労働力を確保するために、二〇歳までの早婚者や一〇人以上の子持ち家庭に直接税免除の特典を与えて、人口の増加策を立てている。また、移民の禁止令を出したりした。しかし、そのもっとも有名な政策は、乞食などの無宿人や浮浪人を取り締まり、救貧院に強制収容して、各地に「救貧院マニュファクチュール」という工房をつくったことである。また一六七三年、コルベールは王令をもって、すべての職人・労働者に対して宣誓組合（ジュランド）に加入することを命じた。それは、政府が監督するこの御用組合を通じて労働強化を行なおうとするものであった。コルベールは就労時間を延長し、休息日を減らし、こまかい罰則と体刑を定めて、労働力の徹底した吸い上げを図ろうとしたのである。この規制のこまかさ、労働条件のきびしさについては、最後の章であらためてとりあげよう。

コルベールはまた、企業の資本を金融業者や特権商人たちに求めた。かれらは、資本を集め

王立製鉄所

て合資会社や株式会社をつくったが、政府はそれに補助金や奨励金を出したり、租税を免じたり、独占権を与えたりした。こうしてできあがったのが、特権商人のつくる巨大な王立会社などの特権会社である。有名なゴブラン織工房を改組した国立の王室調度品製作所をはじめ、毛織物のヴァン-ロペー王立会社、レース製造を独占したフランス-レース会社、鉱山・精錬から兵器生産まで行なったドフィーネ鉱山会社などがそれである。このような会社が経営する大工場が、特権マニュファクチュールといわれる工場である。

　こうした強制就労と企業の保護によってつくられたフランスの商品が、オランダやイギリスの商品と争うためには、おくれた技術を改良して品質をよくしなければならない。この技術の点でも、コルベールは国家の強制力によって第一級の水準に引きあげようとした。そのためにまず、その任期中に三八の規制令と一五〇の王令を出して、工業製品の重量や大きさ、質などの規格を定めている。その規格はひじょうにこまかいもので、たとえば一六七一年の王令では、毛織の染色について三一七か条にもおよぶ規則をつくっているほどであった。そして、この工業規制をかたく守らせるために、マニュファクチュール監督官という役人を国王監察官のもとに配置している。

このような工業製品の品質規制と並んで、技術者の養成が行なわれた。ゴブラン織工房などの特権マニュファクチュールや造船所などでは、とくに技術者養成のための徒弟の訓練が行なわれた。そして、さらに外国からの技術が導入された。ヴェニス、フランドル、オランダ、そしてスウェーデンやドイツから専門職人を招いて、技術や秘法の伝授とフランスの職人の訓練を求めたのである。

この工業育成政策の結果は、「世界中でもっともよい品は、いまやフランスでつくられている」とまでいわれるようになった。フランスの高級毛織物は、一六七〇年代にはイタリア、スペイン、ドイツからインドやレバント地方にまで輸出され、フランス製ということは高級品の代名詞になったほどであった。

❖重商主義の実態

しかしコルベールの政策は、あくまで銀をふやすための輸出向け産業を育てることであった。だから、人々の生活水準を引きあげて購買力をふやし、国内市場を開発するという政策はそこにはみあたらない。人口の大部分を占め、人々の日常生活に密接にかかわり合う農業の場合など、ただ都市に「安いパンと工業原料」を供給するものとしか考えられていない。つまり、コルベールの育てた工業とは、人々の日常生活にかかわる工業、たとえば安いふだんの衣料品や農具などの生産用具をつくる工業ではなくて、それとまったく反対に、人々の暮らしとはかかわりのない、輸出のための高級なぜいたく品工業や軍事工業なのであった。

それに加えて、工業の保護・育成ということは、直接生産にたずさわる人々にとって、経済活動の統制、労働管理体制の強化に通じていたのである。もっとも、この保護と統制の実態も、その「たてまえ」とはかけ離れて不徹底なものであった。全国的に王令をもって強制実施を求められたジュランド制も、実際には当時の主要な輸出産業で適用されただけで、かなりの職人たちはこれに反発して、規制をうけない相互扶助を求めて信心会にひそかに集まったのである。

こう考えると、コルベールの重商主義の実態は、この時代の社会と経済の全状況を通じてはじめてとらえることができる。コルベールの時代は、ほとんど全ヨーロッパをおおう経済不況の時代である。銀が不足し、人口が停滞した時代であった。だから、コルベールの重商主義政策は、一つの不況からの脱出策ではなかったろうか。「フランスでは、銀はきのこのように生えない」といって、銀をふやすことにとりつかれたのも、ヨーロッパの銀の不足を念頭においてのことであろう。また労働管理の体制を強化し、人口増加政策を考えたのも、人口停滞の状態から脱出しようと図ったからではなかったろうか。

❖フランスの海外活動

さてつぎに、海外植民活動の問題に移ろう。コルベールには「貿易の量は一定である」という考え方があった。「フランスが貿易を好転させるには持船数をふやさなければならない。しかし貿易量は一定だから、持船数をふやすには、ヨーロッパの全貿易に用いられている二万隻からその一部を奪いとらねばならない。とくに、オランダ人のもっている一万五〇〇〇ないし一万六〇〇〇隻から一部をけずりとらねばならない」とコルベールはいっている。貿易をさかんにするために、オランダに対抗し、その勢力圏にくいこむという、ひじょうに挑戦的な考え方である。考えが挑戦的であっただけに、コルベールは海軍卿として海軍の建設にたいへんな努力をかたむけている。海軍の保護のもとに、オランダやイギリスの海外市場に割りこもうというのであった。しかし海外市場をひらくためには、植民活動とその足場としての植民地が必要であった。

一七世紀の時代では、植民地というものは、あくまで王国の富をふやすために、本国にない物資を供給するところと考えられていた。それはとくに、本国の競争相手がもっていない物産や、より安い商品を提供する商業上の根拠地なのであった。そして、フランスの植民地は王国

黒人奴隷によるさとうの生産

の直轄領となり、海外貿易は特権大貿易会社が独占運営するという形がとられた。

コルベールはまず一六六四年に、それまで名ばかりだった東インド会社と西インド会社をあらためて創設した。一六六九年にはバルト海貿易のための北方会社、一六七〇年にはレバント会社をつくった。これらの会社は、いずれも航海・市場の独占権や海外居留地保有権などの特権を与えられていた。なかでも東インド会社は、インド西海岸のスラット（一六六七年）、セイロンのツリンコマリー（一六七二年）、東海岸のポンディシェリ（一六七四年）などに、おのおの商館を建てて本格的な活動をはじめた。また西インド会社は、とくにカリブ海のアンチール諸島のさとうきびやたばこに注目してつくられた会社である。この会社の活動と結びついて、本国のボルドーやナントに精糖所建設の計画がすすめられ、また、アンチールの農業労働に使う黒人奴隷を送りこむために、西アフリカのセネガルの町サン=ルイに商館を設けている。

しかし、このような特権大貿易会社も、オランダやイギリスを脅かすことはできなかった。会社はいずれも経営不振におちいった。そして、一六七四年には西インド会社が、一六八四年には北方会社が、一六九〇年にはレバント会社があいついで解散していったのである。

一方、北アメリカの植民地はしだいに拡大された。カナダとアンチール諸島には、本国から総督と監察官が送られて直轄統治が行なわれた。コルベールは、この新フランス植民地を開発するために人口増殖政策と同化政策をおしすすめた。たとえば、本国から健康な花嫁たちを送りこみ、植民地守備兵に一五日以内にかの女たちをめとるよう命令し、それをためらったものは処罰するという結婚の強要を行なったりした。また原住民に対しては、フランスの宗教や慣習を押しつける同化政策を強制した。このような強制策の結果、カナダの人口は植民はじめの二五〇〇から約一万にまで増加したのである。

さらに一六六八年から七三年にかけて、二人のフランス人マルケットとルイ=ジョリィエは五大湖周辺を探検し、その西岸にイリノイ植民地をひらいた。さらに、カヴリエ=ド=ラ=サールは、ここを発《た》ってミシシッピィ川を下り、その河口に達した。一六八二年、このミシシッピィ流域一帯の広大な原野はフランス領となり、ルイ一四世の名にちなんでルイジアナ植民地と呼ばれた。

このように、北アメリカの植民地の人口と領域は拡大したが、最初から一貫して、植民地は本国の力の増大のためにあると考えられた。そのため、一方的な本国の圧制がごくふつうのこととして行なわれたのである。そのうえ、イギリスの場合とはまったく反対に、フランス政府はこの植民地への新教徒の移民を禁止した。ここにもフランス植民政策のつまずきがあった。

❖コルベールの財政

以上のように、コルベールの経済政策はなかなか思いどおりにいかなかった。しかしコルベールは、不況のなかで国家財政を健全化するために最大の努力をはらった。もともと、コルベールは財政家だったのである。だから、かれは支出をできるだけ引き締めた国家予算を定めた。実際には、毎年二〇〇〇万リーヴルから三〇〇〇万リーヴルほどの欠損があり、赤字財政を完全に立てなおすことはできなかったが、年々赤字欠損分は減少していった。コルベールが死んだ一六八三年には、国家収入九七〇〇万リーヴルに対して、支出は一〇三〇〇万リーヴルと、かなり健全化の方向に向かっていたのである。

それならば、コルベールはどういう財政上の手段をとったのだろうか。国家収入の大部分は租税であるが、不況期のコルベール時代では税の徴収はかなりむずかしい。とくに、平民から徴収される直接税タイユがそうであった。コルベールの政策は、民衆の生活水準の向上を目標とはしなかったから、タイユ負担の平民は貧困の一途をたどった。そのうえ、課税の配分、割り当てが不公平で、地域によって個人の負担分にちがいがあったり、村の顔役たちが自分の家で勝手に配分をきめたりした。また、免税特権を主張する「にせ貴族」もあらわれる始末であった。

だからコルベールは、この直接税にたよるのではなくて、塩税や国内関税、酒その他の消費税というような間接税に重点をおいたのである。登録税、検印税などの新しい間接税も登場した。こうして、コルベール時代には直接税がむしろ減少に向かったのに対し、逆に間接税は八〇パーセント近い増加を示し、全税収入に占める間接税の割合が、はじめて直接税よりも多くなったのである。

ところが、この間接税の徴収は依然として徴税請負人にゆだねられていた。というよりは、徴税請負制度はむしろコルベールの時代になっていっそう整備され、それだけ財政と分かちがたく結びついていたのである。すでに、全国を五大徴税管区に分け、間接税を各区ごとに一括して徴税請負させる制度がつくられていたが、一六八〇年、コルベールはそれをさらに拡充して、間接税一般をだいたい六年の期限で各管区ごとに一人の総徴税請負人に独占委託させた。

王権は、徴税請負人から税の先取りの形で前借りをうけとって、財政の欠損分を補った。だから、総徴税請負人は収税額前払いの立替金を用意しなければならなかった。そこで、総徴税請負人は有力な金融業者や大問屋商人と結びついて一種の請負会社をつくった。そして請負人は、実際の収税額のかなりの部分を手数料としてとり、巨大な富を築いたのである。こうして、徴税請負人と金融業者や大問屋商人たちは公私を通じて結びつき、王政を左右したのである。「街《まち》と田舎《いなか》の、かれら徴税請負人のこけおどしの邸宅と庭園、そして、もったいぶった調度品、けばけばしい衣服と宝石類、すべてこの黄金の栄華は人をおどろかせ、貴族や官僚たちを腐敗させた。まさにフランスの政治は金権政治であった」と評されるほどであった。

かつて、フーケはこの徴税請負人をあやつり、その保護者となってコルベールと対決して敗れた。そのコルベールも、せいぜい税務担当官の汚職を取り締まる程度で、悪の根源となる徴税公権の私的な委託という徴税請負制を排除することはとうていできなかった。ルイ一四世の親政は、逆に、財政の基盤のよわさのために、請負制への依存度をいっそう強くしたのである。それを物語るかのように、ルイ一四世の像が徴税請負人の事務所の集中するヴィクトール広場に建てられていた。

❖コルベールの死

さて、大理石のように冷徹な人物といわれたコルベールは、財政から貿易、海軍そして建設関係にいたる国務を約二〇年担当してブルボン王朝の盛期を築いた。しかし、コルベールはリシュリューやマザランのような実権者ではなかった。ルイ一四世は、いつも対立するコルベール一門とル＝テリエ一門の両門閥をあやつっていたのである。そして、国王とコルベールの衝突は、はからずもヴェルサイユ宮殿の建設をめぐって起こった。

ルイ一四世はヴェルサイユ宮殿の建設に熱中し、その熱心さは設計を四回も変更させるほどであった。これに対して出費を恐れたコルベールは、建設費をできるだけ押さえようとした。だから、宮殿建設をめぐって王とコルベールの意見は対立した。この対立をさらにあおりたてたのが、政敵ルーヴォアであった。ルーヴォアは、さきに失脚した外務卿ポンポンヌのあとがまを、コルベールの弟クロワシイに奪われたのが腹立たしかったのである。

こうしたときに、建設中の宮殿の天井の一部が落下するという事故が起こった。それは、コルベールが建設費を出ししぶったためともいわれるが、ルーヴォアはこの事件をとりあげ、コルベールが建築技師と組んで公金を着服し、手をぬかせた結果であると王に告げた。かつてフーケを告発したコルベールが、今度は皮肉にもルーヴォアによって告発されることになったのである。王は告発をとりあげなかったが、さらに、コルベールが宮殿の鉄柵の費用について報告したとき、ルイ一四世は、この大財政家に対してつぎのようにいい放ったといわれる。

「もしも、経理とはなにであるかを知りたいならばフランドルに行け。そして、この新領土のために、ルーヴォア侯が築いた城塞《さい》の建設費をたしかめよ」と。

ルーヴォアがフランドルにつくった城塞は、兵士の強制作業によってつくられるのだから、安くつくのは当然のことであったが、このとき、すでに国王の心情はルーヴォアにかたむいていたのであろう。財政家コルベールにとって、この政敵との比較は大きな衝撃であったと思われる。まもなく、コルベールは持病の痛風になやみ、最後は前立腺ガンでたおれた。一六八三年九月六日、六四歳のコルベールは失意のなかで死去した。しかし、コルベール財政がルイ一四世の親政にとって、どれほど大きな意味をもっていたかは、その死後に真価が問われることになったのである。

Ⅲ

ヴェルサイユ宮殿の栄華

——宮廷と古典主義

ルイ一四世とヴェルサイユ

❖ヴェルサイユ宮殿の建設

ルイ一四世の時代は、ヴォルテール以来、史上まれな繁栄の時代と考えられていた。しかし、これまでもみてきたように、そのたてまえと実態とはかなりの隔たりがあった。この隔たりこそ、絶対王政時代の特色の一つであろう。だから、その特色をつかむためには時代の虚実をともに描き出さねばならない。そこで、まず繁栄の外観をこの章で描いてみよう。

ルイ一四世は「すべてを行なった」といわれる。それほど、「王の仕事」に精力的にとりくんだと思われる。しかも、それがかなり規則的に行なわれていたらしい。「一つの暦と時計とがあれば、三〇〇里離れていても王のしていることがいえる」と、サン＝シモンも評しているくらいである。そのうえ、王は狩をはじめ音楽や舞踊《バレエ》、そして玉突きにいたるまで広い趣味をもっていたといわれる。そのルイ一四世がもっとも執心したことは、戦争と建築と女性であった。正しくは、それを通じて第一の栄光を追い求めたのがルイであった。

天文台をおとずれたルイ14世

建築好きの王は、ルーヴル宮を改築してみたものの、このかびくさい宮殿はいかにも肌に合わなかった。そして、なによりも王はパリの街を好まなかった。パリには、フロンドの乱のみじめで不安な幼年期の思い出が、いつもまつわりついていたのであろう。そのうえ、王には郊外の散策と狩という趣味があった。だから王は、パリの街なかの宮殿よりも田舎《いなか》の森野のなかの離宮暮らしのほうを好んだようである。

実際、母后アンヌ＝ドートリッシュが存命のあいだ、ルイ一四世はこの母后のためにパリの宮殿、パレ＝ロワイヤルやルーヴル宮、チュイルリー宮に住んでいる。ところが、母后が世を去った一六六六年からのちは、パリの街を離れ、郊外のサン＝ジェルマンの離宮で暮らす日が多くなるのである。

　王はパリを離れた郊外に、自分の構想で「王の仕事」を果たす王宮建設の考えをもっていたのであろう。そして、フーケの輝やくばかりの城館をみたとき、それは決定的なものになった。

王が王宮建設の地と定めたのは、ヴェルサイユであった。パリ西南の小村である。ここは小さな丘で、そのまわりは沼地をなし、鷹狩の獲物の多い林が連なっているというところで、父王ルイ一三世が狩を楽しんだところである。ルイ一三世は狩の休息のために、そこに小さな別荘を建てた。だから、狩を好んだルイ一四世にとっても、そこは快適な思い出の地であったと思われる。

こうして一六六二年、ヴェルサイユの丘に新王宮建設の工事がはじめられた。コルベールは王のために、フーケがかかえていた造園家のル＝ノートルや建築家のル＝ヴォー、そして装飾家のル＝ブランなど、当時、第一級の芸術家や職人たちをそのまま、新王宮建設の企画と指揮に当てた。

ところがこの地は、大王宮の建設のためにはかならずしも適当なところではなかった。ルイ一四世治世に対する批判の書サン＝シモン公の『回想録』は、ヴェルサイユの地をつぎのように描いている。

「あらゆる場所のなかで、もっともさびしく、もっともやせて貧弱な土地、見晴らしもわるく、木立ちもなく水もなく土もない。すべては砂地か沼地で、空気もわるく、何もよいものはない」

1668年のヴェルサイユ宮殿

この荒涼たるヴェルサイユのために、ルイ一四世は最良の暮らしと美しい森と水の自然、すぐれた庭園をもつサン-ジェルマンを捨てたのである、と。

実際、ヴェルサイユの丘陵一帯は、ルイ一四世がつぎつぎとつけ足す大王宮の建設計画をうけいれるには、あまりにせまく、風光も地形も水利もそれにふさわしいものではなかった。だから工事は、まず谷を埋め台地を広げる宮苑の敷地づくりからはじめなければならなかった。サン＝シモンも「王は技術と富力をもって、自然をしいたげ制圧することを楽しんだ」と、王の王宮建設をきびしく批判しているが、それはまさに自然の改造であった。

王宮建設のなかでも、王がもっとも熱中したのは広大な造園工事であった。造園工事の指揮にはル＝ノートルが当たったが、大運河をひらくために一つの丘を切りくずし、迷路やイタリア風の洞穴などをつくり、方形や円形の池が掘られた。ヴォーのフーケの旧城館からは千数百本のオレンジの木が移植され、またコンピェーニュの森からも大樹が移された。その四分の三は枯死したといわれるが、毎年つぎつぎと樹木が植えこまれ、花木だけでも一五万本におよんだ。

こうしてヴェルサイユの地に、壮大で幾何学的な直線と曲線の配合からなる一大庭園が出現したのである。宮殿を出ると、「緑のじゅうたん」と呼ばれる芝生がながくのび、広々とした十字形大運河につらなり、同じ背たけに四角に刈り込まれ、等間隔に植えられた生垣が続く。そのあいだに、ラトーンの池やアポロンの池などが配置され、ギリシア神話に偶意する彫刻や壺が並び、さまざまの方向に吹きあげる噴水が池や庭を飾った。そこにはつくられた自然があった。

一六七四年に工事は一応終了した。このときには、モンテスパン夫人のためにつくられたクラニー宮（旧トリアノン離宮）や、八角形のメナジェリー宮という動物園も完成していた。しかし、宮殿のほうは、まだルイ一四世を満足させるものはできていなかった。そこは、約二万人の廷臣たちを住まわせるには不十分だった。だから、引き続いて大拡張工事が行なわれていった。

一六七八年、若き建築家ジュール＝アルドゥワン＝マンサールがこの拡張工事の指揮に当たった。マンサールは死ぬまでの三〇年間、この造営工事にとりつかれていった。そして、宮殿の中央から左右に両翼をとりつけ、延々約六〇〇メートルにもおよぶ長大な宮殿をつくりあげた。

造園のル＝ノートル、装飾のル＝ブランも引き続いて各工事を担当した。なかでもル＝ブランは、当時「美術界の帝王」といわれるほどの実力者で、このときも、大ぜいの画家や彫刻家、彫金師やじゅうたん職人などを動員して、宮殿の内部を豪壮華麗に飾りたてていった。ル＝ブランはまた、ヴェルサイユ宮殿のための王室調度品製作所になったゴブラン織工房も担当した。宮廷を飾る豪華なゴブラン織の壁かけや家具、じゅうたんなどは、すべてこの工房の絵師や刺繍職人、黒檀《こくたん》細工師の手になるものであった。

❖マルリの機械

さて、造営工事のうち最大の難問は、泉水や大運河に大量に使う水利の問題であった。もともと水の不便なヴェルサイユでは、水圧が低くて噴水を吹きあげることなど、とうてい不可能であった。ところが当時、噴水のない庭園というものはまったく考えられなかったのである。

水利工事を担当したイタリア人ピエール＝フランシーヌは、そこでセーヌ川の水を引くという大工事を考案した。セーヌ川に直径一二メートルの大水車を一四個据えつけて水をくみ、木製のクランクで二〇〇ほどもあるたくさんのポンプを動かし、高さ一五四メートルのマルリの

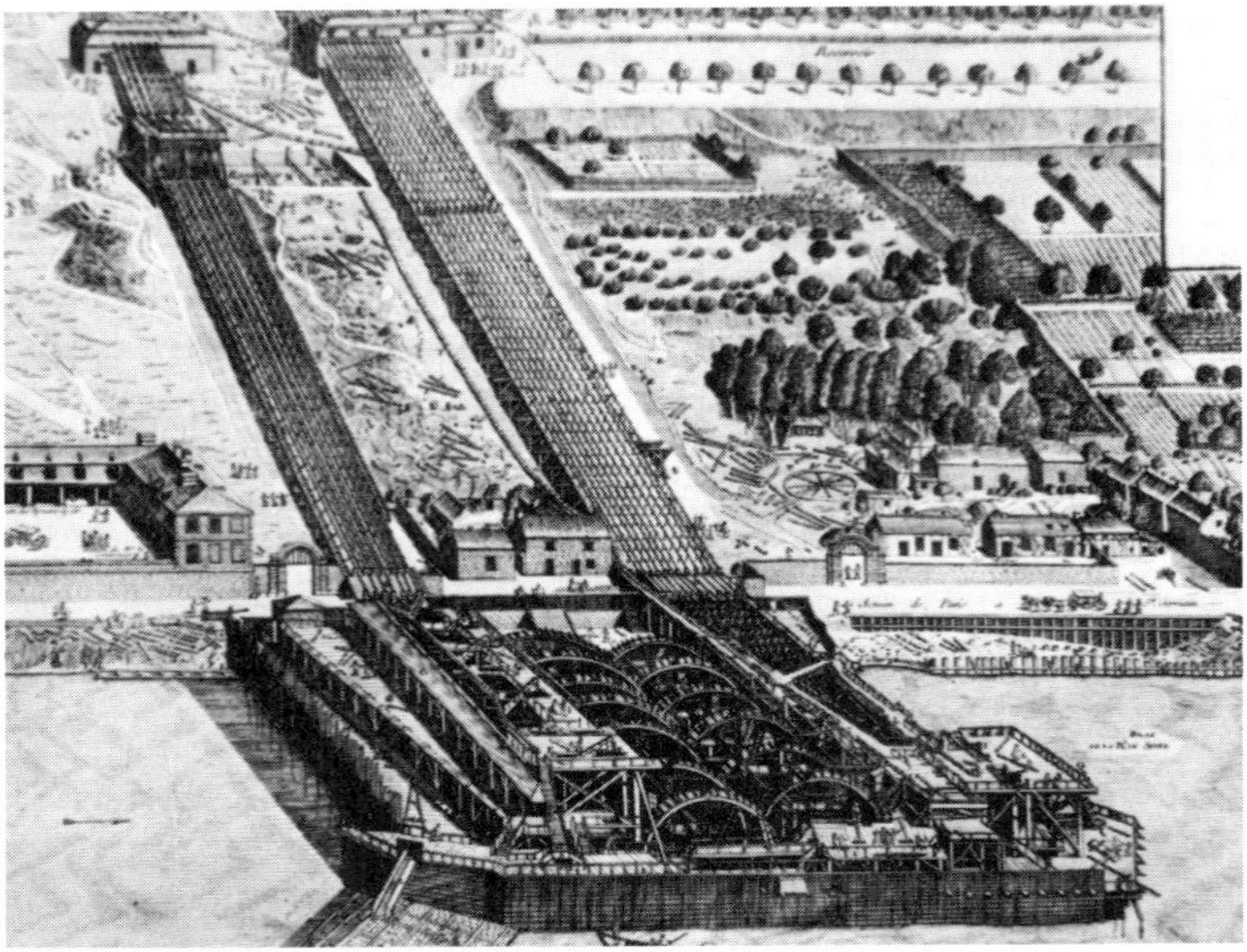

マルリの機械

丘まで運びあげる。そして、ここから八キロはなれたヴェルサイユまで水道で給水するという方法であった。このセーヌに据えられた揚水機が「マルリの機械」といわれるものである。

この大工事は一六七六年にはじまり、一六八二年に完了している。工事が大がかりなわりには、それはあまり役に立たなかったようである。だからその後、別の水利事業が興されている。実際、宮苑の噴水を吹きあげるためにつくられたこの「マルリの機械」は、いかにも馬鹿《ばか》げている。しかし、それは「自然をしいたげ、制圧することの楽しみ」とサン゠シモンが評したルイの意欲、王の意のままに自然さえも変えようとする意欲を、まぎれもなくあらわしているのである。

こうして造営事業は、つぎつぎと拡張されていった。そのうえ、ルイ一四世が普請に凝り、異常なまでの執心を示した。王は戦時を除いて、ひんぱんに造営工事を見回り、気に入らない仕事は何度もやりなおさせたといわれる。だから工事はいつも予定からおくれ、費用も予算をはるかにこえていた。有名な「鏡の間」は、一六七八年から一六八四年まで六年かかって完成し、また「牛眼の間」は、一六八〇年から一七〇一年まで二一年を費やして改修された末にできあがった。建て増し、やりなおし、つくりかえの工事がくり返された。造営事業は着工以来四〇年の年月と、六五六五万一二五七リーヴルという巨額の費用を費やして、王の晩年にようやく完成したのである。

ちょうど、ルイ一四世の治世にまったく対照的な二面の評価があるように、ヴェルサイユ宮殿に対しても、二つの相反する評価がなされている。

一方は、その豪壮さと自然さえも支配しようとする規格のゆえに、そこに君主の典型を求め、絶対王政の精華をみようとするものである。このフランス王の威光は全ヨーロッパを圧したといわれるが、その威光が高まればそれだけ、ヴェルサイユ宮殿は君主理想の殿堂とされたのである。マドリードやウィーン、そしてサンクトペテルブルクには、ヴェルサイユをまねた王宮が建てられている。とおく日本でも、明治になってこれを模した殿堂、赤坂離宮（現迎賓館）が建てられているのである。

他方に、これとまったく反する評価がある。それは、まさにその馬鹿げた豪壮さと単調な規格のゆえに、これをみにくい残骸とみなす。これまで何回も引用したサン＝シモンは、きわめて痛烈にこの王宮を罵倒《ばとう》している。暗く居ごこちの悪い王や王妃の居間、悪趣味な庭園、巨大な霊柩《れいきゅう》台のような礼拝堂、それらを「この世でもっとも陰湿で劣悪な国の一地方であるかのように、城壁が回りをかこんでいる」ときめつけている。もっとも、サン＝シモンはかなり感情的で、「小道の砂利は脚をいためるが、それがなければ泥土に脚をとられる」と、道の小石にまでも文句をつけている。

これにくらべて、セヴィニイ夫人の手紙にしるされた一文は、たいへん深刻である。

「土曜日になると、王さまはヴェルサイユに行きたがられます。しかし、建物がまだできないので、はいることもできません。そして、そこではたらく労務者たちもたくさん死んだようすです。毎晩、たくさんの死体が車で運ばれました。まるで市立病院のようです。神さまも、王さまがそこに行くのをのぞまれないように思えます」

❖王と宮廷生活

一六八二年五月六日、ルイ一四世は念願のヴェルサイユに移った。もっとも、それまでも王はひまをみてはヴェルサイユにあらわれ、たびたび祝宴をひらいていたのである。一六六四年五月のときなどは、まだ庭園と泉水の一部しかできていないヴェルサイユで、「魔法の島の歓楽」と題する大祝宴を一週間も続けて催している。

このヴェルサイユの宮廷生活がはじまったころは、ルイ一四世治世の絶頂のときであった。オランダ戦争はナイメーヘンの講和をもって終わった。ルイ一四世の戦争についてはあとでふれるが、この講和は内容はともかく、その結果としてルイの威光を全ヨーロッパに広め、ルイ一四世のフランスが、その恐怖の的と同時に憧憬《どうけい》の的となったことはたしかであろう。フランス語が外交用語となり、その宮廷文化は各国にまねられた。国内でも、貴族や有力市民たち、そして宮廷文化人たちは、ことごとに王をたたえ、その栄光のもとに恩恵と保身をねがった。パリ市はルイ大王という称号をささげ、ボアローやラシーヌ、モリエールなど、当代の代表的な詩人や作家たちも、ルイ一四世への讃歌をうたっている。

こうして、ルイ一四世は偶像の王となり、現人神《あらひとがみ》となった。だから、その殿堂ヴェルサイユは、国王崇拝の神殿となったのである。実際ヴェルサイユの礼拝堂では、ミサのたびに廷臣たちが祭壇に背を向け、王のほうに顔を向けるといったありさまであった。

宮殿が国王崇拝の神殿であるならば、王の日常的な暮らしそのものも儀式でなければならなかった。「王は芝居にでるかのように、立ち居ふるまいをつくる」といわれたが、それは、王の起き臥《ふ》しまでも慣例の儀式であったからであろう。たとえば、王が飲み物を飲むといった、ごくささやかなことでも、一連の儀式じみた手順をとおして行なわれたのである。まず、側近の給仕役が「国王陛下にお飲み物を」という。すると給仕頭を先頭に、飲み物を入れた金の盆をささげて飲み物係がしたがう。王に一礼して侍従が朱の茶碗で毒味をする。侍従はあらためて王に一礼して水差しをさし出す。

サン＝シモンは、「ルイ一四世は栄光を愛し、秩序と格律をのぞんだ」と評している。半ば神とされた王の政治は、その威光をとおして秩序と格律をつくりあげ、守りぬくことであった。だから、王は王宮に高級官僚や剣の貴族たちを参賀させ、貴夫人たちや芸術家、文人たちを集めて、そのなかでの序列をきめていった。「祝宴や散策なども人を区別するための場であった」とは、これまたサン＝シモンのしるしているところである。

王は自分で廷臣たちの参賀の状態をみて、その評定を下した。いつも宮廷に仕えるものの姿がみえないとき、「わたしは、そのものがどんな人物か、まったく知らない」と王はすげなく見捨てる。また、まれにしか出仕しないものは、「わたしは、かつて会ったこともない男だ」と、出仕しなかったことを理由に失脚させた。そして、王の意にかなったものは「勅許の上衣」を着て、側近としていつもお供をする権利を与えられたのである。この上衣は、赤の裏地、赤のふちどりをした紺の上衣で、金糸や銀糸の刺繍《ししゅう》をした華麗なものであった。

また宮苑のなかには、一二の衛星亭にかこまれた太陽亭が建てられたが、それは廷臣のなかからさらに選ばれたものたちを招くためであった。貴夫人たちも、王宮に装いをこらして参集してきたが、そのなかで王にみとめられた女性は、「王の床几《しょうぎ》」といわれる第一流の栄誉を与えられた。この王認の一級貴夫人たちは、さらに「マルリの田舎家」と呼ばれた別邸に招かれ、王の寵を得て栄光を身につけようと競い合った。この「マルリの田舎家」は、ルイが日常的「儀式」から脱け出るほとんど唯一の場であった。

このように宮廷では、寵愛と上席の権利を得ようとする廷臣たちの、あさましいまでのゆがんだ争いとへつらいの渦がまいていた。廷臣たちはまた、その序列のなかで細々と息をする「金ぴかの奴隷」でもあった。文人ボシュエも「宮廷生活とは、幸福をつかむために、あらゆる私情を押え、気に入らないことはいつわりかくし、腹が立つことにじっと耐えることである」といっている。

儀式と序列と金ぴかの奴隷制からなる宮廷の生活は、年がたつにつれ、ますます誇大で格式ばったものになっていった。王の晩年になると、王の一日は完全な儀式のくり返しになった。まず、朝八時に御起床の儀がはじまる。王太子以下の王族や侍従長などの側近が王の寝室にはべり、洗顔や祈りに立ち会う。つぎに、第一の入室許可者、第二の入室許可者の序列にしたがって、高級僧侶、貴族、官僚が入室する、という儀式である。夜は、この反対の手順で御就寝の儀が行なわれて一日が終わる。

❖マリー＝テレーズの死

さて、ヴェルサイユへ宮廷を移した翌一六八三年の七月、王妃マリー＝テレーズがなくなった。王妃とルイ一四世との結婚は、もともとマザランが企てた政略結婚であった。ルイ一四世は、スペイン王室に対する「王妃の権利」を利用するために、マリー＝テレーズを宮廷にとどめていたといえる。だから、正常な情愛で結ばれる暮らしがそこにあったのではなく、王妃は、同じスペイン王室出身の姑《しゅうと》アンヌ＝ドートリッシュと暮らすほうが多かったのである。しかし、王妃は生まれつき人のよい信心深い女性で、夫王にうとんぜられた暮らしに甘んじながらも、皇太子をはじめ六人の子をもうけた。王妃がなくなったとき、王は「それは王妃が私にはじめて与えた悲しみである」と語ったといわれるが、それほどにめだたない存在であったことを示している。

王妃がこのような状態であったから、王は宮廷に集まる女性たちのなかに情愛の対象を求めた。いまここで、王の女性遍歴をエピソード風に書きつらねることは、あまり意味のあることではない。王の政治が、この女性たちによって左右されたこともなかった。しかし、宮廷生活とはなにかと問うとき、このルイ一四世をめぐる愛妾たちを描くことが必要となってくる。

❖王宮のすみれ、ラ＝ヴァリエール公夫人

まず、王の心をとらえたのは、アンリエット＝ダングルテールである。イギリス王チャールズ一世の第三子として生まれたかの女は、ルイ一四世の王弟フィリップと結婚した。これもまた、マザランが企てた政略結婚であった。フィリップの異常な性格もあって、この結婚生活ははじめからうまくいかなかった。不満のアンリエットは、その才智とするどい感覚をもって宮廷社交界に君臨する女王になった。ルイ一四世は、アンリエットに強くひかれはしたが、それは結局、スキャンダルになる前に実らずに終わった。しかしアンリエットの侍女ルイズ＝ド＝ラ＝ヴァリエールが、このとき王の目にとまったのである。

ラ＝ヴァリエールは、足が少し不自由で、手折《たお》れんばかりにやせて背の高い容姿ではあるが、野に咲く「すみれ」にたとえられるほど、可憐でつつましげな女性として描かれている。王は、そのようなやさしい気性に魅せられたのであろう。ラ＝ヴァリエールはひたむきに王を敬愛して、一六六〇年代に二人の王子と一人の王女をもうけた。王もまた、かの女のためにできるだけのことをしている。さきにもふれた一六六四年のヴェルサイユでの「魔法の島の歓楽」という大祝宴も、実はラ＝ヴァリエールのためにひらかれたも同然であった。

この大祝宴は、初日の馬術競技で幕をあけ、第二日はモリエール一座による喜劇が上演され、

ラ＝ヴァリエール夫人

第三日はアポロンの池の上に設けられた大舞台で舞踊が行なわれ、大花火が打ち上げられて終わった。この大祝宴の華麗さは、そのまま王のラ＝ヴァリエールへの情愛をあらわしていた。ついでかの女は、ラ＝ヴァリエール公夫人となり、ヴェルサイユ宮殿のなかに、ビロン館という豪壮な邸を与えられ、王子や王女たちとともに暮らした。

しかし、このように大事に扱われ、栄光を身につければそれだけ、気の小さい敬虔《けいけん》なかの女は王妃への罪の意識にいっそう強くさいなまれたと思われる。才女セヴィニィ夫人は、「かの女は側室となることも、母となることも、また公夫人となることも、すべて恥としていたのである」と書いている。

だからラ＝ヴァリエールは、一六六二年と一六七一年の二回、宮廷を脱け出してシャイヨ修道院に身をよせている。そして、恋敵モンテスパン夫人があらわれて王の寵愛をうけるようになった一六七四年、失意のかの女は、サン‐ジャック街のカルメル派ノートル‐ダム‐デ‐シャン修道院にはいり、修道女ルイズ＝ド＝ラ＝ミゼリコルド姉となった。そののち三六年のながい年月、かの女はきびしく敬虔な修道生活にあけくれ、最期に、祈りの室で静かにその生涯を閉じた。ときに一七一〇年、六六歳であった。

❖モンテスパン侯夫人と黒いミサ

さて、ラ＝ヴァリエールを追って王の寵愛をうけたのは、モンテスパン侯夫人である。可憐と評されたラ＝ヴァリエールにくらべると、モンテスパンへの評価はたいへんきびしい。当時の文人たちに、かの女は、野心のために王を誘惑した妖艶《ようえん》の悪女、うそつきで冷たい策謀家と評されている。しかし、当代随一の美女とうたわれていることだけは共通している。「非のうちどころのない美人」、「すばらしく美しい髪、愛らしい口もと、人を陶然とよわせるような微笑」、そして、ひらめきのするどい才気の持ち主として、かの女は描かれている。

かの女は、ガスコーニュの貴族モンテスパン侯との結婚に失敗してパリに出た。このとき、王の寵妾となって権勢と富をにぎろうという野望をもったようである。そして、ラ＝ヴァリエールにとり入って宮廷に

モンテスパン夫人

はいり、やがて王の心をとらえた。一六六七年から約一〇年、王の寵妾として宮廷社交界に君臨し、その威勢は王妃をしのいだといわれる。そして、「モンテスパン夫人のために、Lのしるしのついた部屋をととのえ、王の部屋に通じる第二の扉をつくるように。ラ＝ヴァリエール公夫人はVのしるしのついた部屋に住むことになりましょう。そこも同じ用意をととのえるように」と、ルーヴォアも指令するようになった。

王は、とくにモンテスパン夫人のために、ヴェルサイユ宮苑内に東洋風の邸、小トリアノン陶磁宮をつくったり、近くのクラニーに小ヴェルサイユ宮ともいえるみごとな城館をつくって与えた。派手好みのモンテスパン夫人のために費やした城館建設費や遊興費、ぜいたくな生活費は、ほかの寵妾の費用をはるかにこえる浪費であった。

夫人は、メーヌ公をはじめ八人の王の子を産んだが、その栄光の座はけっして安泰ではなかった。モンテスパンは、いつもまわりの貴夫人や侍女たちに気をくばっていなければならなかった。とくに、かの女の子どもたちの養育係から王の講書役になったマントノン夫人に王の心がかたむきはじめてからは、あせりとねたみが、かの女を狂わせていった。そして、この不安をしずめようと、かねてから信頼していたラ＝ヴォアサンという怪しげな祈祷師のところに通っては、「黒いミサ」といわれる奇怪な血の祭礼にひそかに参加していた。このミサは、真夜中に夫人みずから全裸になって祭壇によこたわり、生まれたばかりの赤ん坊ののどを裂いて犠牲《いけにえ》にささげるという、陰惨きわまる呪いの儀式だったといわれる。この事件は、のちに明らかにされて、一味は火刑に処せられた。ただ、モンテスパンにかかわる訴状だけは王がにぎりつぶしたために、かの女は生きのびることができたのである。もっとも、これが真実であるかどうかは、当時まで行なわれていた魔女裁判のことを思い起こすならば、疑わしい点もあろう。しかしモンテスパンは、この事件をきっかけとして王や廷臣たちから見離されていったのである。

❖かくれた王妃、マントノン夫人

ルイ一四世最後の寵姿はマントノン夫人である。夫人のもとの名はフランソワ゠ドービネといった。祖父は新教徒の詩人、父は西インド諸島のマルチニック島で新しい生活をひらこうと移住したが、志半ばで死没した。フランスにかえって逆境のなかで育ったフランソワは、やがて当時名のとおった狂詩人スキャロンと結婚した。しかし、それから八年後にスキャロンは死んだ。二五歳の若さで未亡人になったかの女は、知人のあいだを「綱渡りのように」渡りあいたあと、モンテスパン夫人の産んだ王子の養育係として宮廷にはいった。その波瀾《はらん》に富んだ経験をとおして、フランソワはゆたかで洗練された教養を身につけていったと考えられる。さすがのサン゠シモンも、マントノン夫人については、「たいへんすぐれた才知をもった女性」

であり、「くらぶべくもない優雅で、ふくよかな身のこなし。慎み深い敬虔なふるまい。やさしく正確で、すぐれたいいまわし。しかも雄弁で簡潔なことば。それはかの女の才智をたすけた」と書いている。

スキャロン未亡人が、さらに王の講書役になったのを機縁として、王はこの理知的でおちついた婦人に心をひかれていったようである。だから、宮廷入りしてまもない一六七四年、王はかの女にマントノン侯所領を買い与えた。そこは、ヴェルサイユとシャトレの中間にあって、美しい城館が谷にのぞんで建てられていた。ここで、かの女はスキャロン未亡人からマントノン侯夫人となるのである。

中年をむかえた王の女性遍歴は、この円熟して教養たかい女性マントノンをもって終わった。そして一六八三年、王妃マリー＝テレーズがなくなってまもなく、王はマントノンとひそかに結婚式をあげた。マントノンは、ヴェルサイユのかくれた王妃となったのである。このとき国王は四六歳、マントノンは四九歳であった。この結婚は王にとってもしあわせなことであった。マントノン夫人は敬虔なカトリック信者として身をおさめ、終始おだやかな態度で王をむかえた。だから王に対する影響力は大きく、威厳と信仰心を晩年の王に植えつけていったのである。

当時の一貴夫人は、王の寵妾たちについて、「ラ＝ヴァリエールはいつも王を愛し、モンテスパンは野心から、マントノンはお互いの理由から、王を愛した」といっているが、ルイ一四世は、その青年時代から壮年へと移るにつれて、純愛の乙女から妖艶の女性、そして円熟した婦人へと寵を移していった。しかし、この寵妾たちはあくまで側室なのである。マントノン夫人といえども、ついに王妃とはみとめられなかった。だから、かの女たちの終末は、いかにもうらさびしく哀愁をそそる。呪術に魅せられたモンテスパン夫人にしても、最後は尼僧院で信仰生活にはいっている。カトリック信者であったマントノンは、自分の開設したサン-シール の宗教学院に引退した。このように、華やかな宮廷生活にくらべて、まったく対照的に、修道院の暗く孤独な信仰生活でその生涯を閉じているのである。

古典主義の文学と芸術

❖バロックと古典主義

一七世紀という時代は、文化の流れからみると、一般に前半は「バロックの時代」、後半は「クラシックの時代」と考えられている。前半の「バロックの時代」は、混乱と変動の多かった政治や社会の動きに対応するかのように、さまざまな様式や考え方があふれ、一般的な規則や基準よりも幻想や誇張の効果が重視された。この多様で自由な幻想をかき立てるものがバロックの本質といわれている。これに対して後半の「クラシックの時代」は、ちょうどルイ一四世親政の時代にあたる。この古典主義は、理知と斉一《せいいつ》と秩序のうえに安定した静けさを求める流れといわれる。

こう簡単に書いたのでは、バロックと古典主義とは相対置される二つの文化の流れと考えられてしまう。しかし一七世紀文化の流れについてはたくさんの意見があって、かならずしも一致してはいないようである。たとえばこの世紀の文化は、多様な様式と方向があらわれているのがその特色であるとする考え方がある。フランスでは、とくに古典的な方向がたどられ、ネーデルラントでは現実的な方向、そして、ハプスブルク王家支配のカトリック国家ではバロック的な方向がたどられたと考えるのである。また、フランスの美術だけをとってみても、バロックの方向をたどったのはシモン＝ヴーエぐらいで、ジョルジュ＝ド＝ラトゥールやニコラ＝プーサン、そしてルイ＝ルナンのような格調のたかい古典主義がその主流であったと説く。さらに、もっと根本的にバロックの意味を考えるならば、この多様性こそバロックの特色なのであり、古典主義といわれる様式も、このバロックの多様な一つのあらわれとみる考え方もみられる。

しかし、ここでは芸術様式についての論議をするのではない。この文化の動きが、絶対王政の体制や考え方とどうかかわっているのか、とくに宮廷文化といわれるルイ王朝の文化が、どのように政治によって秩序づけられ規格化されているのかを考えてみよう。

❖ヴェルサイユとアカデミイ-フランセーズ

まず、ヴェルサイユ宮殿をとりあげてみよう。この宮殿は、ふつうバロック建築の代表といわれている。それはこの宮殿の馬鹿げた豪壮さが、バロックの特色を示すものとされているからであろう。しかし、さきにもふれたようにヴェルサイユの宮苑は、直線と曲線からなる構図と一定の規格に定められた刈込樹と芝生の園から成り立っている。その宮殿にしても、延々と無表情につらなる左右同形の建築物である。ここにあらわれた均斉美《シンメトリー》につくられた自然というものは、規準と秩序を排し、多様なものを自由に表現しようとするバロックの奔放《ほんぽう》さとは異なっている。それはまさに、秩序と均斉と安定を求める古典主義そのものである。この特色は、なにもヴェルサイユのできあがった建築物と宮苑だけにあらわれているのではない。丘を切りくずし谷を埋めるという作業、泉水のために行なったおどろくほどむだな水利工事、といった自然景観の改造そのもの、全建設工事そのものが、古典主義をあらわしている。

だから、ヴェルサイユ宮殿の規模と構図の壮大さだけでは、それがバロックであるとはけっしていえない。むしろ、そのバロックとのかかわり合いはつぎの点についてである。すなわち、ヴェルサイユ宮殿は、その建設の構想と事業をとおして、自然さえも秩序づけようとする帝王の意志をあらわしている。そして、そのいたるところに配置されたギリシァの神像や華麗な装飾は、ルイ一四世を半神として崇拝する幻想をかき立てようとする。このように、全体が国王を半神とする幻想を生む効果を与える、いわば幻想発生の装置である点にこそ、バロックとしての特色があるのではなかろうか。この幻想こそ、絶対王政支配のたてまえをささえているのである。

さて、ヴェルサイユ宮殿のなかでのルイ一四世の日常生活は、すべて定められた儀礼と手順を経て行なわれていた。宮廷生活とは、定められた儀礼と序列の生活であった。そして、この儀礼と序列とが学芸の分野でも求められた。

プロシアの大使シュパンハイムは、「ルイ一四世は講義に専念する学者ではないが、文章は上手《じょうず》で適切である。かれは美術を愛し保護している。とりわけ、音楽と絵画、建築にくわしい」と報告している。この学芸の保護とは、広い学芸の分野においても、王の意志をもって儀礼と序列をつくりあげていこうというあらわれと解することができるであろう。

秩序と格律を重んずる古典主義とは、このような王宮の状況のなかから生まれた。そして、この学芸の分野における儀礼と序列をつくりあげたものが、アカデミイ–フランセーズであった。

アカデミイ–フランセーズは、一六三五年にリシュリューによって設立された。リシュリューは王への奉仕のために、学者や文人を集めてフランスの文学と言語をヨーロッパ第一流のものにみがきあげようとしたのである。しかし、それはまだ私的な団体で、国家から特別の保護をうけたわけではなかった。一六七一年、なが年のアカデミイ保護者であった大法官セギエが死んだとき、コルベールは、このアカデミイ–フランセーズを官営の団体に切りかえた。王がその保護者となり、ルーヴルを本拠地とし、国家予算のなかからその必要経費を支出したのである。もちろん、この官営化とはアカデミイが王の栄光のために奉仕する下僕《しもべ》となったことを意味した。会員となった劇作家ジァン＝ラシーヌは、「わが守護者アウグスッス（ルイ一四世のこと）の栄光のために用いられねばならない」と、へつらいのことばを述べている。

コルベールは、一六六三年に絵画アカデミイと彫刻アカデミイを、ついで一六六六年に科学アカデミイ、一六六九年に音楽アカデミイ、一六七一年に建築アカデミイと、各分野にアカデミイを設立している。アカデミイ会員は登録され、定められた年金が与えられた。たとえば、コルネイユに二〇〇〇リーヴル、モリエールに一〇〇〇リーヴル、ラシーヌに八〇〇リーヴルといったぐあいである。しかし会員になるためには、アカデミイの定めた規則と手順にしたがって活動をしなければならなかった。こうして、学者や芸術家たちは画一主義のわくにはめこまれ、官製芸術をつくっていったのである。

❖美術界の帝王ル＝ブラン

まず、美術の世界をとりあげてみよう。さきにふれたように、ヴェルサイユ宮殿の建設のためには、宮苑の設計から室内装飾にいたるまで、あらゆる分野の美術家や職人たちが動員された。そのなかには、壮重なルイ一四世様式をつくり出した建築家のル＝ヴォーやマンサール、造園家のル＝ノートル、そして装飾家のル＝ブランなどの主任たちがいる。なかでも「美術界のルイ一四世」といわれるほどの力をもって、たくさんの芸術家や職人を集め、宮殿を飾りた

『国王物語』の一つ　ルイ14世の結婚

てたのがル＝ブランである。

ル＝ブランは画家としては第二流といわれるが、それにしても、得意の肖像画をはじめ、つづれ織、ブロンズ像、小さな調度品や錠前などのデザインにいたるまで、多才な能力をあらわしている。なかでも、ルイ一四世の最盛時代の挿話を描いたつづれ織『国王物語』一四葉は、ル＝ブランが下絵を描いたものである。その一張は、たて約五メートル、よこ約七メートルという大作で、国王の戴冠式やマリー＝テレーズとの結婚、ダンケルク入城など、ルイ一四世の威容を示す物語が描かれている。

しかしル＝ブランの能力は、そのような自身の創作活動よりも、むしろ王室調度品製作所の責任者、絵画と彫刻アカデミイの総裁として、また国王の主席画家として果たしたその政治力のほうが注目に値する。ヴェルサイユ宮殿は、ル＝ブランが動員した芸術家や職人の力によって、はじめて飾りたてることができたのである。ル＝ブランはまた、若い美術家の養成についても画一主義の秩序と格律をつくりあげている。若い美術家の卵たちは、まずアカデミイで学んだのちローマに留学する。これをうけ入れるために、一六六八年ローマにフランスのアカデミイが設けられていた。そこで、ローマにある技法のすべてを学びとり、腕をみがいてフランスにかえり、王への奉仕の仕事をする。その仕事のテーマは、アカデミイの規則にしたがってル゠ブランが指定したという。

このように、芸術家や職人に圧倒的な力をもって君臨したのがル゠ブランであった。だから、かれは秩序と格律を美術界に押しつけた帝王といわれるのである。しかも、このル゠ブランは、シモン゠ヴーエというフランスの代表的バロック画家の弟子《でし》である。このバロック画家に学んだル゠ブランが結局、冷徹な古典主義の秩序と格律の守護者になった。これは、やはり古典主義というものが、バロックの多様性のあらわれということなのであろうか。

❖リュリとヴェルサイユ楽派

音楽界での帝王はジァン゠バティスト゠リュリであろう。リュリはフローレンスで生まれたイタリア人である。はじめ、ルイ一四世の従妹《いとこ》モンパンシェ公女のイタリア語の教師に招かれたが、音楽の才能をかわれて、ヴァイオリン奏者として宮廷にはいった。もともとルイ一四世は音楽を好み、自分でもクラヴサンやギターをひきながら歌をうたって楽しんだといわれる。

だから、王は音楽によってもまた半神としての幻想をかき立てようとしたのであろう。この王のための音楽と、奉仕のための楽団をつくりあげたのがリュリであった。

宮廷にはいったリュリは、さらに舞踊音楽《バレエ》、オペラの作曲も担当し、一六六一年には宮廷の主席音楽家となり、フランスに帰化した。そして一六六四年、ルイ一四世がヴェルサイユで催した大祝典には、劇作家モリエールと協力して音楽劇『魔法の島の歓楽』をささげている。そののち一六六九年、音楽アカデミイの設立とともに、かれはその総裁として権力の座につくのである。こうして、王にとり入るすべをよく知っていたリュリは、ちょうど美術界のル＝ブランのような位置を占めたのである。

ル＝ブランが美術界に秩序と格律をもちこんだように、リュリもまた宮廷に奉仕する楽団に序列を定め、宮廷での王のおりふしのミサや祝典、そして日常の儀礼を音楽で飾った。まず、ミサのために宮廷礼拝堂楽団がつくられたが、それは僧侶が楽長となり、オルガン奏者四人、聖歌隊約六〇人、楽器奏者約三〇人から成る大きな楽団であった。また、王の二四人のヴァイオリン奏者を中心とする宮廷室内楽団や、管楽器を中心とする野外奏楽隊が編成され、ヴェルサイユの広間や庭園や水路での演奏をうけもった。こうして、宮廷のオペラや教会音楽、そして祝典や饗宴のための音楽を演奏する、豪壮で華麗なヴェルサイユ楽派といわれる一派が生まれたのである。リュリをはじめ、クラヴサン音楽のクープネルがその中心であった。

❖古典主義の文学

さてつぎに、文学の世界を描いてみよう。もともと、古典主義はこの分野ではじまり、そして完成されたものなのである。それは、アカデミイ-フランセーズがなによりもめざしたものは、洗練されたフランス語をつくることであり、古典主義の文学はこの洗練されたフランス語を土台としてできあがったからである。

それではいったい、ルイ一四世の親政がはじまるころの文学界での主役はだれであろうか。まず、古典悲劇のあり方を説いたピエール＝コルネイユをはじめとして、喜劇作家のモリエール（ジァン＝バティスト＝ポクラン）、詩人ジァン＝ド＝ラ＝フォンテーヌがルイ一四世の保護をうけていた。そして、悲劇作家ジァン＝ラシーヌや諷刺詩人ニコラ＝ボワローが、つぎの世代のにない手として頭角をあらわそうという時期であった。

この人々は、世代の差はあるにせよ、すべて古代の文芸を手本とし、古代ギリシャの哲学者アリストテレスが定めた文芸上の規則を守ることでは共通していた。そして、この古典文芸に定められた秩序と規則を守ることが、ルイ一四世の考え方や趣味と一致していた。アリストテレス以来の規則というのは、なにごとも則《のり》をこえないよう適当に事をはこぶための規則であり、演劇や絵画の分野では三一致（三単一）の法則というものがそれであった。たとえば悲劇を例

にとってみると、演劇は古代劇を手本とし、人々を楽しませながら教訓をたれることがたいせつである。そして、情熱をわき立たせるような高貴な人の、またとない異常な事件を素材としなければならない。そのために悲劇のしくみも、一日に起こった歴史的な事件を一つの情景でまとめあげなければならない、という規則がつくられたのである。この悲劇の理論を立てたのがコルネイユであった。しかし、コルネイユの創作活動は順調にはいかなかった。かれは失敗作につまずいて貧困のなかで生涯を閉じた。

これに対して、喜劇作家モリエールは盛名劇団という一座をつくって、一一年間も地方巡演を続けたのち、一六五八年パリにかえってきた。そして、パレ=ロワイヤル劇場を本拠として活動し、王弟フィリップやフーケの保護をうけた。モリエールの芝居は好評で、宮廷からアカデミイ会員として年金をうける身となり、その劇作は、まずヴェルサイユで初演されるようになった。なかでも例の一六六四年の大祝典では、その代表作『タルチュフ』が初演された。この『タルチュフ』と『孤客』『ドン=ジュアン』『守銭奴』は、モリエールの四大喜劇といわれる。モリエールは、喜劇が悲劇にくらべてけっして劣ったものではないことを主張して、フランス古典喜劇を完成させた。

しかしモリエールは、カトリックの僧侶や大学、そして高等法院から圧迫され、にせ信仰者を諷刺した『タルチュフ』は二度も上演を禁止された。『孤客』のなかに、「円満な道理は極端

モリエールの芝居上演

をさけて、嫌味のない君子人たれとのぞむのだ」というせりふがあるが、モリエールが極端なものをさけ、自然と中《ちゅう》庸《よう》をのぞんだためであった。極端なこと、度をこえたこと、みせかけのごまかしは人間の欠点であり、笑いながらこの欠点を正すことが、喜劇の一つの価値であると考えたからであった。だから、モリエールには三一致の法則を無視する劇作はあったが、適度で極端をきらう古典主義のわくをふみはずすことはなかったのである。

　モリエールの晩年は、僚友の音楽家リュリに裏切られ、ルイ一四世からもうとんぜられるなど、めぐまれなかったが、死後七年たって、モリエール一座を中心に当時の有力劇団であるマレー劇団やブルゴーニュ劇団が合体し、ここにコメディ-フランセーズ劇団が成立した。

❖近代思想の芽ばえ

古典主義の文学は、さらに悲劇作家のラシーヌ、詩人ボアローによって完成されるが、そのときはまた古典主義に対する反論があらわれてくる時代でもあった。一六八七年、アカデミイの会合の席上、シャルル＝ペローという詩人が自作の詩『ルイ大王の世紀』を読みあげて、この大御代《おおみよ》をつくりあげたフランス古典主義者の力をたたえ、古典古代の学者や芸術家にくらべてもなお、この「近代人」がすぐれている理由を論じた。この「古代派と近代派の論争」は、ボアローやラシーヌなど古典主義の大御所に挑《いど》んだものであった。それは古典主義の内側に起こった矛盾と自己批判をあらわしていた。

ところが、この論争には一つの重要な意味がこめられていたのである。近代人が古代人よりもすぐれているという考え方は、古代から近代へと「進歩」をとげるという、人間進歩の思想を生み出す。こうして古典主義の文化を生み出した力は、古典主義の考え方をその内側から批判し、やがて啓蒙思想へと導かれていったのである。これはヨーロッパに近代思想が芽ばえる一つの道程をあらわしていた。

もちろん近代思想の芽は、なによりも『方法序説』の著者ルネ＝デカルトにはじまっている。デカルトは「われ思う、ゆえにわれあり」という有名なことばをもって理性論の根本をあらわした。ところがこのデカルトの思想は、フランス国内では国王と大学、そして高等法院からも圧迫をうけ排斥された。パリ大学は、アリストテレスの哲学を講義することしか認めなかったし、国王も何回となく、デカルト哲学の講義とその学派の会合を禁止する布告を発したのである。

しかしデカルト学派の人々は、コンデ親王など有力者の保護をうけ、またサブレ侯夫人やセヴィニイ夫人、ラ＝ファイエット夫人など、当時の名だたる学芸のサロンでその哲学が論ぜられていた。さらにオランダやイタリア、そしてドイツにも広まり、イギリスではケンブリッジやオクスフォードの学生たちの心をとらえた。

このように、国王や大学が圧迫したデカルトの思想は、内外に着実に実りはじめていた。そしてまた、王権が保護を加えていた古典主義のなかからも、近代思想の芽がもえ出ようとしていた。それは明らかに、新しい時代の到来を予告するものであった。だから一人の思想史家は、一六八五年を境として、フランスはながい精神の危機の時代にはいったといっているのである。一六八五年はナント王令廃止の年であった。

ナント王令の廃止

❖ルイ一四世とガリカン教会

ルイ一四世は、生まれたときから「神の与えたまわったルイ」といわれて育ち、長じて王権神授説にささえられて親政を行なった。その皇太子の師であった司教ボシュエは、「王の座は人の座ではなく、神みずからの座である。神は王を神の代理者として、神をとおして統治するものとしてつくりたもうた。王の性格のなかには、どんなものでも消すことのできない神聖なものがある」と説いているが、ルイはこのような現人神《あらひとがみ》と考えられたのである。だから、ルイ一四世は、このような王権神授説に反する思想と信仰を、とりわけきびしく取り締まった。この取り締まりと思想・信仰の統制をもっとも明らかにする事件が、一六八五年のナント王令の廃止であった。それでは、ナント王令の廃止とはルイ一四世の治世にどのような意味と影響を与えたのであろうか。このことを念頭において、王令廃止前後の宗教問題について描いてみよう。

そもそもルイ一四世自身には、あまり信仰心というものはなかったようである。ただ、ルイが大いに関心をもったことといえば、王権神授説に裏づけられた現人神としての権威と、フランス王がならわしとしてもっていた聖界に対する権利であった。フランス王のもっていた権利というのは、フランスの僧侶を統制する権利や司教区管理権などのことである。司教区管理権とは、欠員になった司教の収入や利権はその空席のあいだ、王のものになるという権利であった。

フランス王の教会に対する権利が大きくなれば、それだけフランスの教会や僧侶たちはローマ教会から独立し、王権に服従するようになる。このようなフランスの教会をガリカン教会と呼んでいる。王はこのガリカン教会の首長とされたのである。そして、「王のもつ権力は、ローマ教皇の仲介なしに神から直接にさずけられた」という王権神授説は、このガリカン教会自立の論拠ともなった。だから、王と結びついたフランスの僧侶会議は一六八二年になると、ローマ教会からの分離と優位を主張する「四か条の宣言」を発して、ローマ教皇と激しく対立するようになった。

ところが、ヨーロッパ最大最強の君主をめざしていたルイ一四世は、その戦いがすすむにつれて、しだいに大きな矛盾にぶつかっていった。ハプスブルク家の神聖ローマ皇帝に代わるヨーロッパ最大の君主であることは、同時に「最大のキリスト信徒の王」となってローマ教会を守護することであった。このような「たてまえ」は、ローマ教会からの分離を叫ぶガリカン教会とは相入れなかった。

それに加えて、一六八五年のナント王令の廃止前後に新教徒に加えた陰惨な弾圧は、ルイ一四世を非難する国際世論をまき起こしていた。さらに、八八年以来はじめられたアウグスブルク同盟戦争も、ゆきづまりの状態にあった。このような情勢を前にして、王はようやくローマ教皇と妥協する腹をかためた。この妥協には、信心深いマントノン夫人の影響もあった反面、これと交換に、国王のもっていた司教区管理権の拡大を教皇に確認させるという取引もからんでいた。こうして一六九三年、さきにフランスの僧侶が出した「四か条の宣言」はとり消され、ルイ一四世は教皇派（ユルトラモンタン）に近づいたのである。

❖ジャンセニストとパスカル

さて、ルイ一四世がガリカン教会の首長であるにせよ、また最大のキリスト信徒の王であったにせよ、異端とされた宗派を抹殺し、その統一を図ることは、王にとっていずれは実行しなければならないことであった。それでは、いったい異端とはなんであろうか。どういう点で、それはローマ・カトリックと異なっているのであろうか。

およそ一七世紀の人々にとって、深い関心の的はなんであろうか。それは、自分が「罰せられて地獄に落ちるのか、それとも、救われて天国にいたるのか」という不安ではなかったろうか。そしてこの救いは、神の救おうとする意志（恩寵）と、人の救われたいという意志（自由意志）とが合致しなければならないと考える。このとき、ローマ－カトリックとくにジェズイット（イエズス会）は、神の恩寵はすべての人に与えられ、それを善用して神に祈るものは救われると説く。これに対して新教のカルヴァン派は、神は人の自由意志に左右されない絶対の意志をもって人々の一部を救い、残りを罰するという有名な予定説を説く。そして、この両者の中間の理解に立つものが、異端の一派ジャンセニスト（ジャンセン派）であった。ジャンセニストは、つまるところカルヴァン派と同じように、人が救われるかどうかは、神が恩寵を与えようとしたかどうかにかかわってくるというのであった。当時の異端とは、このような問題を投じた人々であった。それが異端と宣告されたのは、神の絶対意志を強調する結果が、ローマ教会の無用論へと導かれるからであった。

この異端の最大多数は、カルヴァン派の信徒すなわちユグノーである。そして少数派ではあるが、一七世紀フランスの政治と文化に大きな影響を与えた異端が、ジャンセニストという宗派であった。そこでまず、この少数派異端ジャンセニストの問題にふれてみよう。

ジャンセニストとは、フランドルの神学者ジャンセニウスの教説を信奉する宗派のことである。ジャンセニウスは、聖アウグスチヌスの熱烈な讃美者であり研究者であった。その教説はとくにフランスで共鳴者を得ていた。それは、かれにサン＝シラン（本名デュ＝ヴェルジュ）という友人がいたからである。サン＝シランはポール‐ロワイヤル修道院の移転あとに隠棲《いんせい》をはじめた僧侶であった。そこはパリ郊外の谷間にあり、ポール‐ロワイヤル‐デ‐シャンと呼ばれた。そこの荒涼たる孤独の谷間に建つ廃屋が、その隠棲と苦行の場であった。しかしここには、サン＝シランをしたって、パリ高等法院の俊才といわれたル＝メートルをはじめ、高等法院のとくに反政府派が世を捨てて集まってきた。アントワーヌ＝アルノーという高等法院の名門官僚がその論陣をはった。さらにジャンセニストは、挫折《ざせつ》感にうちひしがれたフロンドの指導者たち、たとえばコンティ公やロングヴィル公夫人などを引き入れた。それは、ジャンセニストがもっていた現状に対する悲観的な宿命観と、なおそのなかに生きるきびしい自己否定の観念が、人々の心情に訴えたからであろうか。

かのユニークな哲学者であり科学者であったブレーズ＝パスカルもこの宗派にはいった。パスカルは、数学や物理学の研究者として人間の進歩を信じていた。しかしまたパスカルは、「真理は理性によってだけでなく、心情によっても認識する」と説いて、科学と宗教の分野を区別した。そして、理性による信仰から心情による信仰を求めてたどりついたところが、ジャンセニストの拠点ポール‐ロワイヤルであった。

しかし、ジャンセニストはカルヴァン派とちがって、「改革を主張する宗派」にはならなかった。この派の人々は、旧教の陣営にのこり、その伝統に忠実であろうとした。というよりも、伝統の純化をひたすらにとなえていったのである。だから、同じ旧教のなかにあって布教のために世間と妥協を図るジェズイットと激しく対立した。パスカルが鋭い弁論を展開した。しかし、そのかたくななきびしさは、ますます、せまく閉ざされた宗派として孤立していった。そしてローマ教皇から異端の宣告をうけるのである。

ルイ一四世は、ジャンセニストの教説を深く知っていたわけではない。ただ、マザランがこの宗派をとくに警戒した。それは、フロンドの残党たちがこの宗派にはいったことによっている。そして、服従を強制する誓文に署名させたり、パスカルの著書を禁じたりした。やがて一六六四年、本拠地であったポール-ロワイヤル修道院が国王警察に襲われ、翌六五年になって、ジャンセニストは兵士の監視つきでそこに幽閉されることになった。このような圧迫は、ルイ一四世が外交上ローマ教皇に接近するにつれていっそう激しくなる。一七〇九年、王はついにポール-ロワイヤルを撤去させ、教会から墓地までも破壊したのである。

❖ユグノーとナント王令の廃止

さて最後に、異端の最大多数派ユグノーの問題にはいろう。ユグノーは最大多数といっても、一七世紀後半には総勢約一〇〇万ほどにすぎない。しかしこのユグノーたちは、ギエンヌやポアトー、ドフィーネ、オーニス、サントンジュ、ベアルン、ラングドックといった南西部地方を中心に、根強い勢力をつくっていた。

マザランは、さきのジャンセニストにくらべて、ユグノーにはむしろ寛大であった。これに対してルイ一四世は、「宗教の分裂は国家をゆがめるもと」と主張して、ユグノーをガリカン教会に復帰させようと考えていた。そのため、ナント王令はしだいに王の都合のいいように解釈されていったのである。

まず一六六九年、新教徒に対する事実上の制限が加えられた。この年の布告で、新教徒の伝道は一五九八年（ナント王令制定の年）まで活動していた地区にかぎること、この年以降に建てられた新教派の寺院や学校は打ちこわされることが定められた。そのほかに、日中の葬式は禁止され、結婚式の列席者も一二人に制限されるなど、信徒の生活のなかにまで干渉の手がのびていった。

圧迫はさらに、暴力による脅迫をともなっていった。王宮のなかでマントノン夫人の影響力が強くなれば、それだけ旧教への改宗者がふえる。そして各地の行政官たちは、より多くの改宗者を出そうと過激な手段をとるようになる。

一六八一年になると、ポアトーの国王監察官マリヤックは、新教徒の家に兵士を宿営させて改宗を迫るという手段をとった。兵士とは、竜騎兵というきわめて残忍な一団である。兵士たちは、家の主人をののしり殴打し、女たちを馬でつれ出して暴行を加えるなど、悪虐のかぎりを尽くしたと伝えられている。その結果、一年間に三八〇〇〇人がこの地方で改宗した。この事件はフランスの内外に大きな衝撃を与えた。さすがのルイ一四世も、国王監察官マリヤックを罷免するほどであった。

しかし、竜騎兵の宿営は一六八五年になって復活した。しかも活動は、ギエンヌ、ポアトー、モントーバン、ベアルンなど各地に広まり、その残虐非道な弾圧は大きな効果をあらわしていた。「ボルドー地方では、一五万人いたユグノーのうち六万人が改宗した」という報告、また「サントンジュとアングモアでは、もはや異端はいない」という報告があいついだ。

このような陰惨な竜騎兵の暴力が各地で荒れ狂ったのは、ル゠テリエとルーヴォア父子やアルレイたち高級僧侶の支持とさしがねがあったからである。ル゠テリエは一六七七年以来大法官になり、コルベールの死後は王政の重鎮の座にすわっていた。また、アルレイはパリの大司教で、宗教国務会議をあやつる実力者であった。ル゠テリエは、改宗者激増という各地の報告を集めて、王に意見書を提出した。「改革派の臣民の最大多数のものは、カトリックの信仰に改宗いたしました。こうなりました以上、ナント王令は不用のものとなりました」と。もちろん、ユグノーは消滅したのではなかった。

一方、ルイ一四世にとってユグノー問題は、その外交上の駆け引きと密接に関係していた。

ナント王令の廃止

ルイは「最大のキリスト信徒の王」として、ハプスブルクに代わるヨーロッパ支配の野望に燃えていたときである。そしてそのためには、まずカトリックの保護者であることも身をもって示さなければならなかった。ちょうどこのとき、一六八五年の一月、イギリスではジェームズ二世が王位についた。そこでルイ一四世は、このイギリスと旧教守護の同盟を結び、新教国オランダに対抗しようという構想をかためた。だからル＝テリエの意見書は、ナント王令を廃止し旧教国家を宣言するまたとない名目となった。こうして一六八五年一〇月一八日、フォンテンブロオでナント王令の廃止が宣告された。それは「ただ一つの王、ただ一つの法、ただ一つの宗教」をめざすルイ一四世のいきついた到着点であった。ときは、ヴェルサイユに宮廷を移して、その栄華をきわめたルイ一四世の最盛期であった。

❖ナント王令廃止の影響

しかし、このフォンテンブロオ王令の影響は大きかった。改革派の寺院と学校は閉鎖され、服従しなかった新教の牧師たちは追放された。また、ユグノーはすべて新しい改宗者とみなされ、その亡命は漕役刑《そうえき》（ガレー船を漕ぐ苦役）をもって禁止された。ナント王令の廃止をよろこんだのは旧教徒ばかりではなかった。王宮に集う文化人たちも、「不正で不忠者の宗派が罰せられた」としてこれを歓迎した。この廃止の王令に力づいたルーヴォアは、さらに追いうちをかけた。ふるくからの新教徒の根城ラ＝ロッシェルに逃亡した新教徒の全滅を命じたのである。地方の国王監察官のなかには、これにならうものがあらわれた。たとえば、ラングドックの国王監察官バヴィルである。この国王監察官は、あの陰惨な竜騎兵政策によって、わずか三日間に六万人を改宗させるという激しさであった。

だからナント王令の廃止は、国の内外から激しい批判と反対をあびることになった。武人ヴォーバンは、「王は臣民の生活の主人ではあっても、いまだかって思想と信仰の主人であったことはない」と論難した。各地で竜騎兵に対する抵抗運動がはじまっていた。それは、ルイ一四世治世末期のカミザールの民衆反乱へとつらなっていく。さらに、禁令をかいくぐって国外への亡命者があいついだ。亡命者たちは、命がけで故国を脱出して、オランダやイギリス、そしてドイツのブランデンブルク、さらに南アフリカのケープ植民地や、北アメリカのボストン、メリーランド、ニューヨーク、ヴァージニア、カロライナなどに広く散っていった。オランダなどでは、亡命フランス人に市民権を与え、アムステルダム市は一定の商業特権と三年間の免税権を与えた。そのため、オランダだけでも一六八六年に六万五〇〇〇人が亡命したといわれている。

亡命者の人数は、全部で二五万から三〇万と推定されている。その数は約二〇〇〇万人といわれる当時のフランスの総人口からみれば、けっして多いものではない。しかし、この亡命者の大部分は都市の有能な職人たちであった。ランスやルアン、トゥールなどの都市では、在住職人の半数が亡命したといわれている。亡命した人たちは、織物工や製紙工、時計師や船大工といった技術職人を主とし、さらに資本をもった銀行家や商人の一部も加わっていた。この技術と資本の流出は、明らかにフランスの社会と経済の発展にとって損失であった。

影響は経済上の損失だけではなかった。フォンテンブロオ王令をきびしく実行しようとした政府は、その適用を各地の国王監察官にまかせた。国王監察官たちは自分の功績をあげるために、競ってあの残忍きわまる竜騎兵政策をとった。この新教徒に対する弾圧は、ローマ教皇でさえも非難するほどであった。そして、ヨーロッパの新教徒や新教国家では、ルイ一四世に対するプロテスタント十字軍の発足を呼びかけるという、反フランスの大きな国際世論をまき起こした。

内外のこの反発の世論は、ルイ一四世のゆく末に暗いかげりを投じた。「たてまえ」とみかけの繁栄は、その絶頂点にいたって、ようやく崩壊のきざしをみせたのである。

Ⅳ

落日のルイ一四世
——王と戦争と民衆

フランスとヨーロッパ

❖治世の繁栄と危機

ふつう、ルイ一四世の最盛時代は、ナイメーヘンの講和（一六七八―七九年）にはじまる、おおよそ一六八〇年代の時期と考えられている。この講和で、ルイ一四世はオランダ戦争を締めくくり、全ヨーロッパにその威信を示したのであった。さらに、八〇年代の年表を追っていくと、一六八二年には宮廷をヴェルサイユに移し、そこに栄華をきわめた王宮生活がくり広げられた。そして一六八五年、ナント王令が廃止され「ただ一つの宗教」のたてまえを実現した。まさにルイ一四世のフランス優越の時代であった。

しかし八〇年代の年表には、これとは逆の事実もあらわれる。一六八三年はコルベールと王妃マリー＝テレーズ死去の年であるが、コンデ親王やル＝テリエと、それまでの中心人物もこの年代に没している。宮廷はルーヴォアとマントノン夫人の時代にかわる。この時代は、いわば人物交代のときでもあった。また、一六八六年にはアウグスブルク同盟が成立し、そこに反フランス勢力が結集する。これは、ルイ一四世の盟主政策（ヘゲモニイ政策）に反撃する動きである。この動きが、やがて一六八八年からのアウグスブルク同盟戦争を引き起こすことになる。さらに同じ一六八八年には、イギリスに名誉革命が起こり近代帝国へのみちをひらいた。これに対しフランスでは、一六八四年に北方会社の解散、一六九〇年にレバント会社の解散と、その海外貿易ははやくも暗い影がさしている。

このようなことは、フランスの優越をくつがえす危機とゆきづまりを予告することがらではなかろうか。それならば、フランスの優越、ルイ一四世の栄光と安定とは、いったいなんであろうか。ここでは、その実態を考えるために、まずフランスをとりまく国際状況と、そのなかで戦われたルイ一四世の戦争と外交について、つぎに王政下のフランス社会と民衆の状態を描いてみよう。

❖ルイ一四世の盟主政策

一六五九年のピレネーの和約は、ヨーロッパの国際政局を大きく変えた。このとき以来、スペイン優越の時代からフランスの優越といわれる時代にはいったのである。同時にフランスでは、ルイ一四世の親政のときをむかえ、新しい外交政策がはじまる。スペインのハプスブルクを制圧したルイ一四世は、フランス王権を盟主とするヨーロッパ大陸体制をつくろうとする。

これがルイ一四世の盟主政策と呼ばれる外交方針であった。

この盟主政策は、ほぼつぎのような三つの目標を定めていた。第一に、ヨーロッパの他の君主、とくにオーストリアのハプスブルク王家（神聖ローマ皇帝）に対してブルボン王家の優位を保つこと。第二に、敗退したスペイン王国の統治権をめぐって、できるだけ多くの利益を手に入れること。そして最後に、フランスの領土、とくに北と東の領土を拡大し、その国境の安全を図ること、であった。

❖オランダの繁栄

オランダは、この盟主政策の前に立ちふさがる最大の敵であった。オランダでは独立戦争以来、総督派と議会派の権力争いが続いていた。総督派は、ふるい封建貴族であり共和国の総督であったオラニエ家を中心とする勢力で、都市民衆や農民と結びついていた。これに対して議会派は、都市貴族であるゆたかな商人を中心とする勢力であった。一六五〇年、それまで権力の座にあったオラニエ公ウィレム二世が急死すると、議会派はまきかえしに成功し、一六七二年にルイ一四世がオランダに侵入するときまで約二〇年間この共和国を統治する。この総督のいない時代の指導者がヨハン゠デ゠ウィットである。もともとゆたかな商人を代表する議会派は、その利益のために海上貿易の自由を主張して海外仲介取引の発展を図った。だから、東インド会社を中心とするオランダ海上貿易は、このとき繁栄の絶頂点に達した。その商都アムステルダムは、北海、バルト海、地中海貿易からインド貿易にいたる海外仲介取引の基地として栄え、人口も一六六〇年代には二二万と、四〇年前の二倍以上にもふくれあがったのである。当時としては、それはおどろくほどの都市の発展であった。

この経済力をもったオランダは、ルイ一四世のフランスにとって当面最大の敵であった。重商主義政策をとったコルベールが、貿易をさかんにするためにオランダに対抗し、その勢力圏にくいこもうという、たいへん挑戦的な考え方をもったのは、さきにふれたとおりである。コルベールは、とくにライン貿易をオランダ商人の手から奪おうと図った。

もちろんこの反面、オランダの議会派政権は国内に対して、大商人すなわち都市貴族の少数者独裁をゆるす都市分権主義をとったため、国家の集権力はおとろえ、軍事力もイギリスに圧倒されるというもろさもあった。そのため、二回にわたるイギリス・オランダ戦争に敗れ、アメリカ大陸の植民地を失うという打撃をうけた。また、大商人がのぞんだ自由貿易政策がおしすすめられた結果、国内産業を守るための保護政策、たとえば保護関税のような手段はとられなかった。国内工業は海外仲介取引の保護のために、いつも犠牲にされたのである。だからオランダ経済は、いつまでも基礎の浅い仲介取引にたよっていた。

❖イギリスの発展

フランスにとって、さらに問題となる国はイギリスであった。一六五八年、ピューリタン革命の指導者クロムウェルが死ぬと、六〇年には王政復古が行なわれ、チャールズ二世が王位についた。このようなイギリスの変化に、当時の宰相マザランはきわめて敏感に反応している。イギリス王の妹アンリエット＝ダングルテールとフランス王弟との政略結婚である。このマザランの布石以来、イギリス復古王朝はフランスに対して従属政策をとっている。だから一見したところ、ルイ一四世の盟主政策は、ここでも成功しているように思われる。しかし、一六八八年に起こったイギリスの名誉革命は、明らかにこのイギリス・フランス関係を転換させた。これからのち、イギリスは反フランスの中心勢力に変わるのである。

それは、ただイギリスの外交方針の転換という一国のなかの問題ではない。事態はヨーロッパ世界史の大きな変化を予告していた。それまでヨーロッパ世界の中心は、フランク王国の建設以来フランスにあると考えられた。封建社会の体制と文化のもっとも発達したところがフランスであった。このフランスの中華意識がルイ一四世の盟主政策となってあらわれたといえる。だから、ルイ一四世のこの政策は、ふるい国家観・世界観をよりどころとして立てられていた。そこには、ブルボン王家のハプスブルク制圧という王家の争いが念頭にあった。国家はまだ、王家の家産と考えられていたのである。また「最大のキリスト信徒の王」というルイ一四世のブレーンたちの考え方も、古代ローマの皇帝コンスタンティヌスからフランクのシャルルマーニュ、そして神聖ローマ皇帝へとつたわる、ふるい伝統と権威を受け継ごうとする意識のあらわれであった。

ところが、このあいだにイギリスは海外領土をつぎつぎと手に入れて、着実に近代帝国へのみちを歩みはじめたのである。しかもその歩みは、国内各地方に成長する国民的な工業と地方自治体の力をもとにしていた。だから、近代化の波頭となったイギリスがオランダを圧倒し、フランスとの対決のときをむかえたのである。ヨーロッパ世界史の重心がフランスからイギリスへと移りはじめたときであった。

❖フランスの軍備拡張

さて、以上のような国際情勢のなかで、ルイ一四世は大陸制圧の盟主政策を強行しなければならなかった。王はなによりも武力にたより、また外交によってその念願をとげようとした。外交には、リオンヌ以来ポンポンヌ、そしてトルシイと、敏腕で知られる外交家が起用された。軍事の面では、陸軍はル＝テリエ、その子ルーヴォア、そして孫のバルブジュとル＝テリエ家三代の手によって、海軍はコルベール一門によって増強された。

民兵の徴集

それまでフランスの陸軍は、国王の軍隊といっても、有力貴族が個別に集めた傭兵や都市が提供した志願兵などから成り、その隊長も売官職の場合が多かった。それに、スイスやオランダ、イタリアなど外国人傭兵が加わっていた。だから、全体に貴族や隊長の私兵の群れという性格からぬけきってはいなかったのである。兵馬に必要な糧食などは、現地徴発を原則としていたため、駐屯《ちゅうとん》地や軍隊の通過した地方では、軍紀のみだれた兵士の掠奪・暴行になやまされた。

ル＝テリエは、国王の任命する士官をおいて上下の命令関係をはっきりさせ、国王軍隊の形をととのえた。そして一六八八年、ルーヴォアは全国の村（聖堂区）から抽選で兵士を徴集する民兵制を加えて、常備軍制の増強を図った。このように、一つは傭兵の形で、もう一つは民兵という徴兵の形で王国陸軍がつくられていった。だから陸軍の増強はめざましかった。一六六七年に七万二〇〇〇であった兵力が、一六七二年に一二万、一六八八年に二九万、そして一七〇三年には実に四〇万に近づいたのである。ルイ一四世は、こうしてヨーロッパ第一の陸軍をつくりあげた。騎兵のほか、歩兵部隊を中心に奇襲作戦のための竜騎兵団、砲兵隊や擲《てき》弾兵部隊、そして工兵隊までも編成された。装備の点でも、火なわ銃よりも効率の高い火打ち石銃や剣付鉄砲が配備されるなど、急速に強化されていった。

また、この時代の築城司令官ヴォーバンの功績も大きい。「ヴォーバンによって攻められた町は攻略され、ヴォーバンによって守られた町は難攻不落である」といわれたほどの智将がヴォーバンであるが、とくに東北への侵攻をめざしたルイ一四世は、この方面の守りをヴォーバンにまかせた。ヴォーバンは、この地帯に「鉄の国境線」ともいえる要塞を築いた。工兵隊や測量大隊が独立してつくられたのもヴォーバンのためであった。

一方、海軍の増強はコルベールの主導で行なわれた。貿易の拡大が、先進貿易国イギリスやオランダの権益を奪いとることであるならば、なによりも海軍力でイギリス、オランダに対抗できなければならなかった。このことは、前にコルベールのところでふれたとおりである。そこでコルベールは、「くるみ殻の船隊」と馬鹿《ばか》にされた一六六一年にはわずか一八隻しかなかったフランス海軍を、一六七七年には一一六隻に、一六八三年には二七六隻にと急速に増強した。

ルイ一四世の戦争

❖フランドル戦争（帰属戦争）

「領土を拡大することは君主にもっともふさわしい仕事である」と、ルイ一四世は一人の武将にあてた手紙にしるしている。この王にもっともふさわしい仕事、大陸制圧の盟主政策は、故マザランの布石のうえにくり広げられた。それは、外交取引と武力侵略の両面の手段を使って行なわれた。

ルイ一四世の目標は、まず没落スペインに向けられる。とくにフランス東北部国境につらなるスペイン領土、フランドルとブラバン（現在のベルギー）、そして保護領フランシュ－コンテの合併をめざした。このため、外交家リオンヌの敏腕がふるわれた。一六六二年にオランダと同盟を結び、ロレーヌ公領を占領し、イギリスからダンケルクを買収する。六三年には、オーストリアのハプスブルクに対する西ドイツ諸邦のライン同盟を更新させる一方、皇帝レオポルドの対トルコ戦に援軍を送るなど、パリは広く全ヨーロッパ外交の主導権をにぎって、周到な

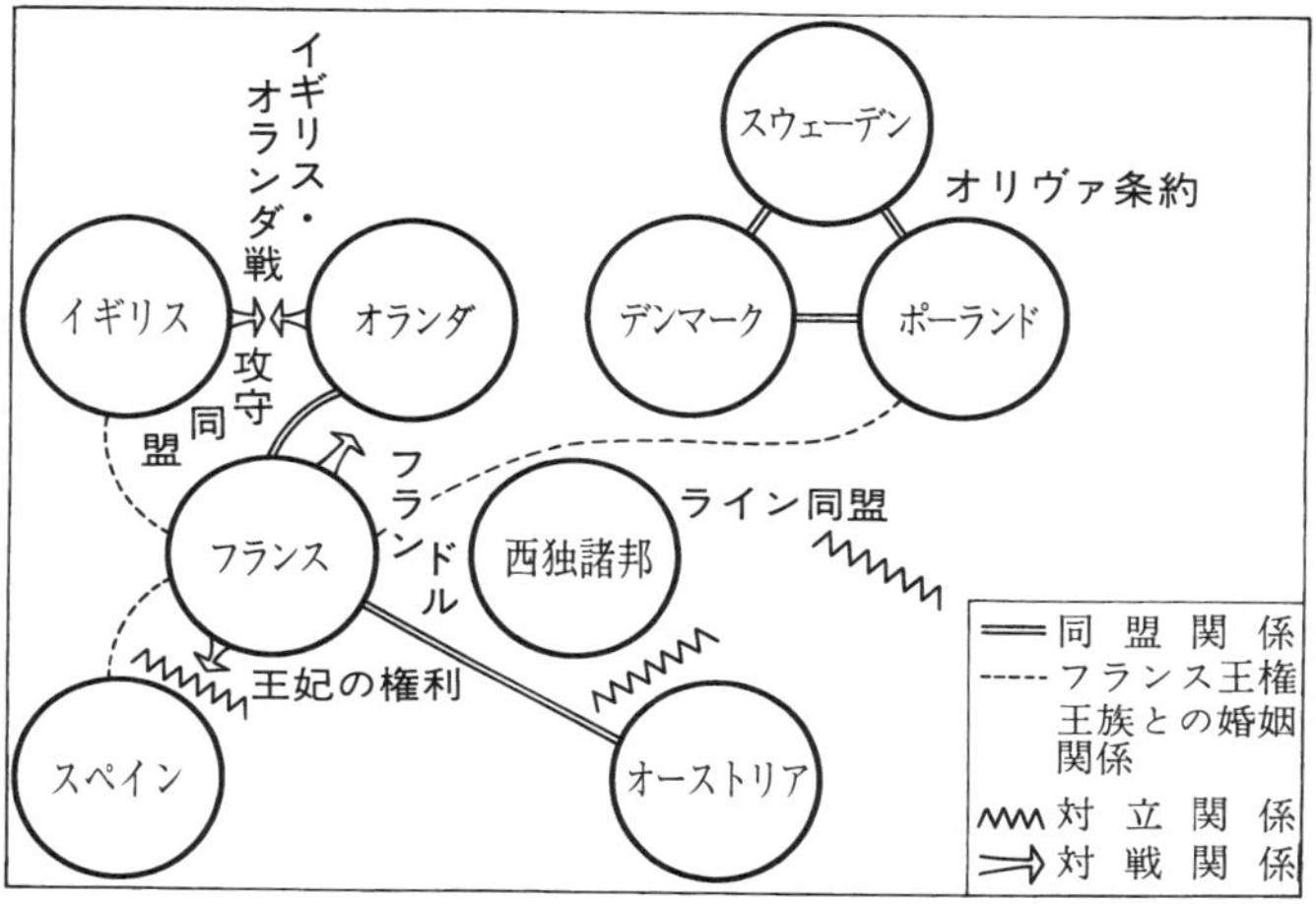

フランドル戦争前の外交関係

準備体制をととのえた。

一六六五年、スペイン王フェリーペ四世が死没すると、当年四歳で病弱なカルロス二世が即位する。かれはルイ一四世の王妃マリー＝テレーズの異母弟である。この即位をめぐって、ルイ一四世はフランドルやブラバンなどスペイン領ネーデルラントを要求した。王妃マリー＝テレーズは初婚の王女である。だから、このブラバン地方の慣習法にしたがって、これらの地方はマリー＝テレーズに、つまりフランスに譲られなければならない、という「王妃の権利」をもとにしていた。このときまで、王妃の継承権放棄の条件であった持参金も未払いであったから、ルイ一四世は当然のこととして「王妃の権利」を主張したのである。

ところが、新スペイン王の即位に深い関心をもったのはルイ一四世だけではなかった。イギリスでは、チャールズ二世をはじめ貿易商人や植民会社などが、とくにアメリカの広いスペイン植民地を受け継ごうと機会をうかがっていた。また、オーストリアのハプスブルク王家も、スペイン王位の継承をのぞんでいた。皇帝レオポルドは、フェリーペ四世の第二王女を妃としていたのである。もしそれが実現すれば、かつてのカール五世の大ハプスブルク帝国が復活することになる。だから皇帝レオポルドは、スペイン帝国の分割をルイ一四世とひそかに交渉しはじめていた。こうして、スペイン没落帝国の遺産相続の争いはしだいに表面化していった。

一六六七年、ルイ一四世はテュレンヌ元帥を司令官とする三万五〇〇〇のフランス軍にフランドル進撃を命じた。王自身も廷臣たちを引きつれて戦場へ向かった。これに対して八〇〇〇の駐屯兵しかいなかったスペイン側は、ほとんど無防備同然であった。だから、フランス軍は無人の境を行くように、国境都市ドゥーエ、シャルルロア、リールとつぎつぎに占領し、中心都市ブリュッセルをも危機におとしいれた。このフランス軍の一方的な勝利に対して、ようやく諸国はルイ一四世の動きに警戒の目を向けはじめる。とくに、オランダのデ゠ウィットの政府は、隣のフランドルが制圧されていくのをみて大きな不安を感じた。そして一六六八年一月、オランダ政府はイギリスとスウェーデンをさそってハーグ三国同盟を結び、フランスに即時休戦を呼びかけた。

意気あがるルイ一四世は、それでも同年二月、予定どおり東部のフランシュ゠コンテ侵攻作戦をはじめた。この地方は、コンデ親王を司令官とする二万のフランス軍の前に、わずか三週間で占領された。しかし、結局は三国同盟の呼びかけにしたがって、ルイ一四世は一六六八年の五月、アーヘンの和約（エクス-ラ-シャペルの和約）を結んで侵入軍を引きあげたのである。この和約によって、フランスはフランシュ-コンテを返し、フランドルの国境都市リールをはじめ一二の地点を手に入れた。この新しい取得地は、いちはやくヴォーバンによって要塞《さい》が築かれ、戦略国境の役割を果たすことになった。

❖オランダ戦争

アーヘンの和約は、ルイ一四世にとってけっして満足できるものではなかった。とくに、ハーグ三国同盟を結んでフランスを裏切ったオランダに対するルイの怒りは大きかった。そのうえ、コルベールはオランダ経済への挑戦をとなえ、一六六七年以来オランダ商品をほとんど締め出すような高い関税を定めた。オランダもこれに対抗手段をとるという激しい関税戦争がはじまることになる。コルベールは、フランス経済の発展のためには、第一に国内のオランダ商人の締め出し、ついで力によるオランダの合併を考えていたようである。こうしてルイ王権の関心は、スペイン没落帝国の遺産争いから、経済発展の先進国オランダとの対決へと向かうのである。

フランスは、まず諸国と同盟を結んでオランダを孤立させようと図った。工作はハーグ三国

ルイ14世のライン渡河（1672年）

同盟を切りくずすことからはじめられた。一六七〇年、ドーヴァーの密約をイギリスのチャールズ二世と結ぶことに成功した。イギリスは財政援助と引きかえに、海軍力でフランスを支援しようというものであった。ついでスウェーデンとも対オランダの密約を結び、三国同盟をひそかに葬り去った。さらに、ドイツ諸侯とも同盟や中立保障をとりつけたのである。こうしてオランダの孤立化はひそかにすすんでいった。

準備のととのった一六七二年三月、ルイ一四世に先んじて、イギリスがオランダに宣戦した。ついで同年五月、コンデ親王とテュレンヌの率いるフランス軍のオランダ侵略が開始された。もちろん、ルイ一四世も陣中にあった。もともと陸軍力のよわいオランダは、対抗する間もなく撃破された。フランス軍はライン川を渡り、六月にははやくも中心部のユトレヒトからアムステルダムに迫った。海上でも、イギリス海軍の強力な支援をうけて海岸を封鎖した。

❖オランダの抵抗

かつてない危機に追いこまれたオランダは、堤防を決壊して、低地オランダを水に浸す作戦にでた。それは起死回生の戦術であった。同時にオランダ議会は、一〇〇〇万フランの賠償金支払いとマース川左岸の領土割譲をもって和平を提案した。しかし強気のフランスは、全占領地の合併と二五〇〇万フランの賠償金、加えて旧教徒の自由などを要求した。それはオランダを事実上、消滅させるものであった。このような重大な危機に直面して、オランダの民衆のなかに祖国愛がたかまっていった。それは同時に、有産市民を代表するデ＝ウィット政権への不満となって爆発した。八月にはいって、徹底抗戦を主張する民衆はウィレム三世を共和国総督にむかえた。デ＝ウィットは殺害された。ふたたびオランダは、オラニエ家の支配に代わるのである。

オランダの政治変革は戦局に大きな変化を与えた。このウィレム三世は、のちにイギリスにむかえられウィリアム三世となるが、当時二二歳であった。その性格は、まことに冷酷で狂信的な人物といわれる。しかし、ウィレムは軍令権をにぎって、よく態勢を立てなおした。海上では、デ＝ロイテルの率いるオランダ海軍が、ソールベイやテクセルでイギリス海軍を撃破していた。陸戦でも、浸水作戦はコンデ軍の進路をはばみ、アムステルダムを守った。コンデのフランス軍はしだいに苦戦におちいり、戦いは長期戦へと変わっていくのである。

このオランダの変革と立ちなおりに、諸国の態度は大きくゆらいだ。まず七三年八月、スペインと皇帝レオポルドが、オランダと軍事援助を約したハーグ条約を結んだ。また、ブランデンブルクなどドイツ諸侯の一部やデンマークもオランダ側についた。そして七四年二月、イギリスが議会勢力に押されて、ウェストミンスター条約を結んで単独講和を行なった。かつてオランダの孤立化のためフランスと結んだ諸国が、今度は逆にフランスを孤立化へ追いやったのである。

情勢の悪化に応じて、ルイ一四世はやむなくオランダから撤兵をはじめた。そして、反転してフランシュ-コンテをふたたび制圧した。一方、テュレンヌ指揮のフランス軍は七四年六月、ライン川を渡ってアルザスでドイツ皇帝軍と対戦した。二万の兵を率いたテュレンヌは、七万の優勢なドイツ軍をいたるところで撃破し、アルザスから撤退させた。これは、熟慮断行のテュレンヌが行なった巧妙をきわめた作戦の成果であった。しかしこの名将も、一六七五年七月、砲兵陣地の下検分中に戦死した。

❖ナイメーヘンの講和

こうして、オランダの政変と立ちなおりを契機に、戦場はオランダからスペイン領に移っていった。フランス軍も陣容を立てなおして、南下したオランダ軍を撃破し、スペイン領ネーデルラントの要地ヴァレンシェンヌ、カンブレー、サントメールなどを占領した。また地中海では、フランス海軍が一六七六年にアゴスタ沖でデ＝ロイテル指揮のオランダ・スペイン連合艦隊を破った。しかしまだ戦いは終わらなかった。

一六七八年八月、ようやくナイメーヘンでオランダとのあいだに講和が成立した。オランダはこの講和で、その領土をそのまま保持することができたばかりか、一六六七年にフランスが定めた高関税の廃止を勝ちとった。さらに同年九月、対スペインの講和が結ばれ、フランスは賠償金およびフランシュ＝コンテとスペイン領ネーデルラントの大部分を譲りうけた。また七九年二月、ドイツ皇帝と講和が成立し、フランスはフライブルクを得た。この一連のナイメーヘンの講和によって、結局もっとも打撃をうけたのはスペインで、むしろオランダは安泰、フランスは戦いの一原因であった対オランダの関税戦争に事実上敗れ去ったのである。しかしその反面、フランスの軍事・外交そして文化にわたる威力は全ヨーロッパにおよび、ルイ一四世の黄金時代をむかえたのである。

❖盟主政策の完成

さてナイメーヘンの講和以後、ルイ一四世の信頼は、しだいにコルベールからルーヴォアへ移っていた。それはルイ一四世の政策にもあらわれる。コルベールの大植民帝国への夢はしりぞけられ、伝統的なヨーロッパ王朝国家へのみちを直進する。したがって、盟主政策はヨーロッパ大陸での盟主の座をめざして完結する。

東部の国境地方には、スペインやドイツ帝国領がモザイクのようにのこされている。ルイ一四世の新しい目標はここに向けられた。軍事力を背にして、これまでの諸条約の条文を拡大解釈し、この地帯を無血で合併してしまおうというのである。この強引な「併合政策」の結果、アルザスやリュクサンブールの大部分がフランス王国に吸収された。そのうえ一六八一年九月三〇日、王とルーヴォアの率いる三万の軍隊が、突如としてラインの要地ストラスブールと、北イタリアのピエモンテ国境の町カサルを軍事占領するという事件が起こった。この不法な占領は、ヨーロッパに大きな衝撃を与えた。とくに、ドイツでは反フランス感情が強くもりあがった。しかし皇帝はそのとき、オーストリアに侵攻したトルコ軍に脅かされて動くことができなかった。そしてスペインは、またしてもルイ一四世の犠牲となった。一六八三年、フランスに宣戦したスペインは簡単に撃破され、翌年八月、ラティスボンの講和を結び、二〇年間、併合地方のフランス保有をみとめたのである。こうして、フランスはライン川の左岸約三分の二を押さえて、ルイ一四世の盟主政策は完成されたように思われた。

❖ファルツの掠奪

ラティスボンの講和の翌一六八五年、ナント王令の廃止が宣言された。それは、ながいルイ一四世の治世が、引き潮へ落陽へと変わる合図でもあった。この新教徒に対する圧迫は、新教国家の反フランス感情を刺激しただけで、ローマ教皇の支持もうけることができなかった。国際関係は、これを機会にいっそう強く反フランスの方向に向かった。ルイの盟主政策は危機にみまわれ、逆にフランス孤立化のきざしがみえてきたのである。

一六八六年以来、ローマ教皇、スペイン、ドイツ皇帝、ドイツ諸侯、サヴォイという旧教やハプスブルク勢力と、スウェーデン、ブランデンブルク、オランダなどの新教国家が集まって、対フランスのアウグスブルク同盟を結んだ。そのなかには、それまで親仏政策をとっていたバイエルンなどもつらなっていた。こうして王家の対抗、新旧両教派の対立、海外領土をめぐる対立のほこ先が、いっせいにフランスに向けられたのである。

ルイ一四世は、この包囲陣に先制攻撃をかけた。一六八八年九月、義妹オルレアン公妃（ファルツ選帝侯の娘）の継承権を主張してファルツ占領を命じた。これは反フランス陣営からアルザスを守る作戦であった。ところがルーヴォアは、フランス軍に対して「ファルツを焦土と化す」よう、おどろくべき命令を出した。首都ハイデルベルヒをはじめ、マンハイムやその

他たくさんの村々が破壊された。その惨状は目をおおうばかりで、数年後のファルツを旅行したサン＝シモンも、「住居のない数人のものが、廃墟のあとに穴を掘ったり、地下室で暮らしている」としるしている。その災害が大きかっただけに、ドイツ全体の反フランス感情は、いっそう激しくなった。ルイ一四世は神をも畏《おそ》れない不敬者、残忍な怪物とみられたのである。

❖諸国の反撃――アウグスブルク同盟戦争

一方、イギリスでは一六八八年、国王ジェームズ二世の執るカトリック主義と親フランス政策が、国内貿易商人や地主たちの反感をかって、名誉革命が起こった。オランダのオラニエ公が、イギリスの王座にウィリアム三世としてむかえられ、ジェームズ二世はフランスに追放された。革命はルイ一四世にとって大きな打撃となった。ジェームズはルイの支持者であり、オラニエ公はルイの敵対者であっ

ラ-オーグの海戦　その戦闘中（右）と戦ったあと（下）

た。だからイギリスのこの変革は、英仏関係をまったく逆転させたのである。

大陸では、ドイツ皇帝を中心に対フランス同盟軍の反撃体制がととのえられた。こうして一六八九年四月、ルイ一四世の対スペイン宣戦を皮切りに、戦いは文字どおり反フランスのアウグスブルク同盟戦争となって拡大した。それは、ドイツ人にとっては、ファルツの報復とアルザス奪回をめざす戦いであり、新教徒にとっては迫害者ルイ一四世に対する戦いであった。そしてイギリスにとっては、世界支配をめぐる戦い、第二次百年戦争のはじまりであった。

ルイはまず、サン-ジェルマンに亡命したイギリス王ジェームズ二世の復位を図った。ジェームズはフランス海軍に守られて、一六八九年三月にアイルランドに上陸し、ダブリンを占領したが、結局ウィリアム三世のイギリス軍に撃破され、フランスにまいもどってしまった。しかし、トゥルヴィル提督の率いるフランス海軍は、一六九〇年六月、ビーチィ-ヘッド沖でイギリス・オランダ連合艦隊を破った。この勝利は、海洋を制する夢を一瞬ルイ一四世にもたせた。しかし、ルイ一四世にとっては海の戦いよりも大陸の戦いが大事であった。ヨーロッパ大陸の盟主であることだけがルイ一四世ののぞみであった。この点で、イギリスとフランスの将来の方向が大きく分かれるのである。そのうえフランス海軍は、その保護者セニュレイを一六九〇年に失った。

一六九二年、ルイ一四世はふたたびイギリス征服を夢みた。しかし五月に出動した四四隻のフランス海軍は、二倍にあたる八九隻の優勢な連合艦隊と出会い、避難したラ-オーグ岬の停泊地で激しい海戦ののち敗れ去った。大打撃をうけたフランス海軍は、そののち商船攻撃の海上ゲリラ戦にきりかえたが、最後まで制海権をにぎることはできなかった。

一方、ルイが重点をおいた大陸の戦いは、フランドルと北イタリアが主戦場となった。フランドルのフランス軍司令官はリュクサンブール将軍で、機敏な戦略家として知られていた。将

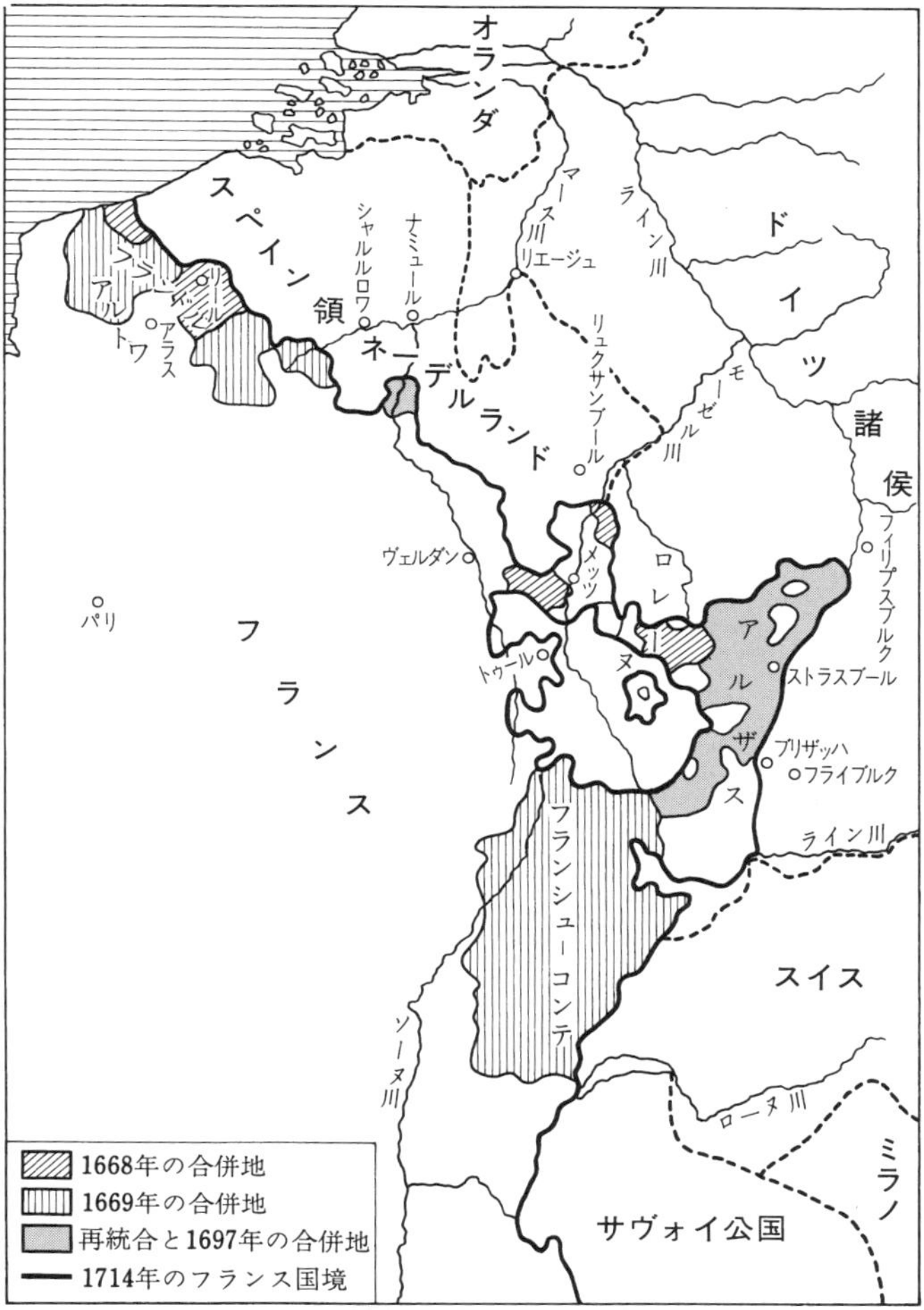

オランダ
スペイン領
ネーデルランド
アルトワ
アラス
シャルルロワ
ナミュール
マース川
リエージュ
ライン川
ドイツ諸侯
リュクサンブール
モーゼル川
ヴェルダン
メッツ
ロレーヌ
パリ
フランス
トゥール
アルザス
ストラスブール
ブリザッハ
フライブルク
フィリプスブルク
ライン川
フランシューコンテ
スイス
ソーヌ川
ローヌ川
ミラノ
サヴォイ公国
1668年の合併地
1669年の合併地
再統合と1697年の合併地
1714年のフランス国境

東部国境地方要図

軍の率いるフランス軍は、一六九〇年のフルリュスの戦いから要衝ナミュールの攻防戦、そして九二年のスタインケルクの戦いから九三年六月のネールヴィンデンの死闘にいたるまで、戦いを勝ちぬいてきた。この間、奪いとったたくさんの軍旗を「ノートル–ダムのつづれ織」と名づけてパリに送るほどであった。しかし、そこには勝敗をきめる決定的な戦いはなかったのである。

北イタリアでは、注意深く着実な武人カティナ将軍を司令官として、まずサヴォイ公軍をスタファルドで破った。フランス軍は、さらにニース、モンメリアンを占領したが、その後、戦いはいっこうに進展しなかった。そして、全戦局にわたって長期戦の形に変わっていった。フランスでは、セニュレイに続いて九一年にはルーヴォアも死去し、リュクサンブール将軍も引退した。戦いがながびけば、それだけ国家の財政と民衆の生活の危機が増大していった。一六九五年一月、新しい直接税キャピタシオンが設けられた。

❖ライスワイクの講和

戦局は、それでも多少の動きがあった。九五年、ナミュールがウィリアム三世の軍隊に奪いかえされる一方で、九七年にはヴァンドーム公の率いるフランス軍がスペインのバルセロナを占領した。インドでは、ポンディシェリがオランダに奪われる一方、北アメリカでは、フランス軍がカナダや東部海岸でイギリス植民地を脅かした。このような一進一退の戦局のなかで九六年、まずサヴォイ公が単独講和を結んで同盟から脱落した。平和をねがう気運が、ようやく各国に広まっていった。こうして九七年九月、オランダのライスワイクで和平交渉が行なわれたのである。

この講和によって、第一にフランスはナイメーヘンの講和以後の合併地や征服地を、ストラスブールとサルルイを除いてすべて返すこと、第二にスペイン領ネーデルラントの要塞地帯にオランダの駐兵をみとめることがきめられた。これによって、オランダの安全を保障しようとするものであった。第三に、ウィリアム三世をイギリスの王として承認することが約されたのである。この講和の内容は、明らかにルイ一四世の盟主政策を阻止するものであった。それはルイのおどろくべき譲歩であり、屈辱と考えられた。こうして、ヨーロッパに新しい状況が生まれようとしていた。

❖スペインの王冠

ルイ一四世の盟主政策の後退は、イギリス、オランダ、ドイツ諸邦の政策に大きな影響を与えた。諸国は、勢力拡大のための外交政策を主張しはじめたのである。そして、その目標とされたのが没落を続けるスペインの王位と領土であった。

スペイン王カルロス二世には、子がなく病弱で、三〇代ではやくも老人のようにふけこみ、ことばも満足にしゃべれなかったといわれる。近親結婚の犠牲者であったとも考えられている。だから諸国は、カルロス死後のスペインの遺産について、はやくからそれぞれの野心をいだいていたのである。まずルイ一四世はスペインの合併を、またドイツ皇帝は、かつてスペインとオーストリアに君臨したカール五世のハプスブルク帝国の復活をめざした。そして、イギリスとオランダ、とくにイギリスはスペインの海外植民地を手に入れようと図った。

このような思惑のうずのなかで、諸国はひそかに二回にわたってスペイン分割の協約を結んだ。ルイ一四世とイギリス王ウィリアム三世、そして皇帝レオポルドがその立案者であった。しかしこの分割の密約は、結局スペイン王に知られた。死の近いカルロスも、さすがに激しい

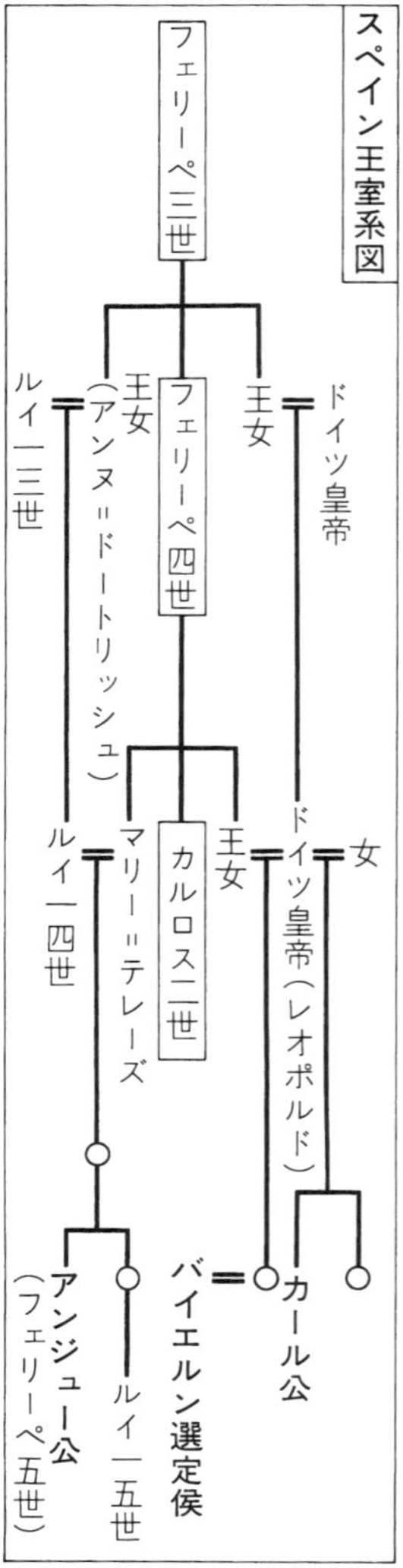

怒りをこめてスペインの不分割を告げた。そして一七〇〇年、この領土不分割を条件に、ルイ一四世の孫アンジュー公を王位継承者に指名したのである。この遺言後まもなくカルロス二世は死去した。

アンジュー公は、こうしてスペイン王フェリーペ五世となった。しかし、諸国はルイ一四世の動きをみて強い疑いをもった。ルイはスペインを合併し、またイギリスにステュワート王朝を復活させるのではないかと。だから一七〇一年、イギリス王、ドイツ皇帝、そしてオランダのあいだに対フランスのハーグ同盟が結ばれた。ここでも、スペイン王位はドイツ皇帝へ、西インドなど海外植民地はイギリスとオランダで二分するというスペイン分割案がつくられていた。また、ここで注目されるのは、同盟がイギリスを中心として結ばれたことである。世界帝国をめざすイギリスは、フランスの強大化を恐れた。それは、イギリス本国を脅かすことになるからであった。そのため、イギリスは大陸での力の均衡をのぞんだ。力の均衡政策という近代イギリスの大陸外交の方針は、このあたりからはじまっているのである。

❖スペイン継承戦争

ハーグ同盟に対抗して、ルイ一四世は軍隊を東部国境に動かし、ドイツ皇帝も北イタリアからフランス国境に軍をすすめた。ドイツ諸邦も両陣営に二分された。一七〇二年、マールバラ公の率いるイギリス軍が大陸に上陸し、ここにフランス・スペイン勢力と同盟陣営とのあいだに、スペイン継承戦争（イギリスではアン女王戦争）がはじまる。戦いは、ネーデルラントから西南ドイツ、北イタリアそしてスペイン、さらにアメリカ大陸にまでおよんだのである。

ネーデルラントにはいったマールバラ公のイギリス軍は、リエージュからケルンを征しバイエルンに迫り、プリンツ＝オイゲン（エウジェーヌ公）の率いるドイツ皇帝軍と合流した。これに対して、約六万のフランス・バイエルン連合軍は、ウィーンめざして進軍した。こうして一七〇四年八月、最初の大会戦プリントハイムの戦いがドナウ河畔にくり広げられた。この戦いにフランス軍は大敗し、その後、ながい苦しい守勢の戦いを続けることになったのである。

同じ一七〇四年、スペインは寝がえったポルトガルと戦う一方、イギリス軍のために、大西洋から地中海への門戸ジブラルタル要塞を奪われた。さらにオーストリアのカール大公が上陸し、バルセロナを攻略した。カールは皇帝レオポルドの第二子で、同盟側がスペイン王におした人物である。大公は、一七〇六年にはマドリードに入城し、フェリーペ五世を追い出してしまう。

戦いが後半にはいる一七〇八年からのちは、フランスにとってもっとも苦しいときであった。八年から九年にかけての天候不順がたたり、フランス全土は大凶作にみまわれる。各地の国王監察官は、このときの飢餓と反乱、徴税不能の状態をなまなましく伝えている。ピカルディーでは、パンの価格が一挙四倍にはねあがった。リヨンなど数都市では暴動が起こった。ある村の司祭は、「男女の大人や子供のなかには、爪で大地をかきむしり草木をみつけると、そのまままむさぼり食べるものがみられる。また一方に、死をまって路上によこたわっているものもみられる」と書きのこしている。戦時財政はゆきづまり、一七一〇年には新直接税、十分の一税を設定した。

この苦境に追いこまれたルイ一四世は、やむなく和平を決めた。同盟側のあまりに強硬な要求のために、それは成功しなかったが、皮肉なことに、このころから戦局はフランスに好転した。一七一〇年にはマドリードを奪いかえし、また一七一二年、ドゥナンの戦いに勝った。この戦局好転のなかで、ユトレヒトの和平交渉が開始された。

❖ユトレヒトの講和

一七一一年、ドイツ皇帝ヨゼフ一世が死去し、弟カール大公が皇帝位を受け継いだ。こうなると、カールはスペインとオーストリアに君臨し、かつてのハプスブルク帝国を再現することになる。これをきらったのは同盟国イギリスであった。大陸に力の均衡を求めるイギリスは、フランスの強大化もハプスブルク支配の復活ものぞまなかった。こうして、戦いを続ける意味を失ったイギリスが和平にふみきることで、このながい戦いは終わったのである。

一七一三年にユトレヒトで、イギリス、オランダ、ポルトガルとフランスの講和が結ばれた。ついで翌年、ドイツ皇帝とラシュタットの講和が成立した。この講和によって、フランスはアメリカ大陸でアカディアとニューファウンドランドをイギリスに奪われただけで、ほとんど戦前にもどった。スペインではフェリーペ五世が復位したが、ネーデルラントやイタリアの地はドイツ皇帝に譲られた。これに対し、もっとも多くを得たのはイギリスであった。まず、ジブラルタルを手に入れて地中海制圧の足場をつくり、また北アメリカで勢力を拡大した。そのうえ、スペイン植民地に対する貿易特権を手に入れたのである。それはアフリカ黒人奴隷取引の独占と特許船交易という特典であった。

スペイン継承戦争は、表向きは王位継承の戦いであったが、実態は世界支配をめざすイギリス帝国があやつった戦いであった。この結果、明らかにルイ一四世の大陸制圧という盟主政策は破れ去った。ヨーロッパ政局は、フランス優位の時代からイギリスのあやつる力の均衡時代へと変わったのである。

王国と民衆

❖大世紀とはなにか

ルイ一四世が行なったもっとも犠牲の多い大事業である戦争は、ヨーロッパ第一の盟主の座にルイ一四世がすわり、フランスの栄光と繁栄を全ヨーロッパに示すためであった。それがナイメーヘンの講和後の八〇年代に完成された。いわばルイ一四世治世の黄金時代である。

ところが、いままでみてきたように、あいつぐ戦争の経過と、フランスをとりまくヨーロッパの状況の変化を考え合わせると、この黄金時代は、ちょうどフランスからイギリスへと歴史の重心が大きく移り変わるときであったことがわかる。しかもその移り変わりは、ただ満ち潮から引き潮に変わったというフランス内の盛衰だけをさすのではなくて、ヨーロッパ王朝国家の伝統の夢を追うフランスから、近代化の波頭に立って世界支配をめざす海洋国家イギリスへの、いわば質の移り変わりを意味していた。

どうして、ルイ一四世の黄金時代は、同時に世界史の大きな転換点であったのであろうか。

それは、少なくとも時代の繁栄が「みかけ」の繁栄であり、盟主とは「たてまえ」でしかなかったことを示している。それならば、この大世紀の実態とはなんであろうか。ここでフランス民衆の動きをとらえてみよう。

❖人口停滞の一七世紀

まず人口の変動をながめてみよう。といっても、正確な全人口調査の記録があるわけではない。ただ、憂国の武人ヴォーバンが一七世紀末の全国調査報告をもとに、総人口を約一九〇〇万人と算出している。これを手直しすると、約二〇〇〇万程度が一七世紀末の人口と考えられ、さらに一七世紀全体を通じて、一四〇〇万から二〇〇〇万のあいだを変動していたとみられている。当時の人口は、イギリスは五〇〇万から六〇〇万、スペインは六〇〇万から八〇〇万といわれているから、フランスはロシアを除いて最多人口の国であり、これがフランスの軍事上の優位を築いたと考えられる。

ところが、フランスだけのながい時代の人口変動をみると、一六世紀の人口は年によって大変動はあったとしても、だいたい増え続けたと推定されている。また一方、一八世紀になると、また増え続け、革命がはじまる一七八九年には、約二六〇〇万に達したと算定されている。ところが、このあいだにある一七世紀、とくにルイ一四世の時代は人口の停滞した時代と考えられるのである。この輝かしい大世紀といわれる時代に、どうして人口が停滞しているのであろうか。この点をもう少し立ち入って考えてみよう。

ふつう、ふるい時代の人口変動は多産多死の特色があるといわれる。それならば一七世紀はどのくらい多産多死であったのか。まず一般の結婚からみていこう。結婚は、たいてい同じ社会的身分や同職のなかで、同じ町村や隣の町村のものどうしで行なわれる。そして、地方のしきたりにしたがって結婚式があげられる。だから、結婚による人口流動はたいへん少なかったと思われる。地理的に遠くなれば、社会的にも孤立するからであろう。ここで注目されることは、一七世紀は一六世紀や一八世紀にくらべてわりあい晩婚で、また再婚の例が多いということである。これは、王族や貴族が政略結婚のために早婚であったのとたいへんよい対照である。また再婚が多いのは、夫婦どちらかの、とくに若妻の初産での死亡や、戦争、疫病などの死の結果とみられる。

晩婚で、しかも再婚が多いということは、子どもの出生数に影響する。この点から、一七世紀には、ふつうの家族で平均四人から五人の子どもを産んだと推定される。多産といっても現実はこの程度なのである。そしてこのうち、一歳までの乳児のあいだに四分の一が死に、二〇歳までに半数が死んだと考えられている。だから、一家族の出生児のうち結婚年令に達するものは二人しかいないことになる。このような乳児と幼少年の死亡率の高さが、結局、人口の停滞や減少となってあらわれたのである。

それでは、なぜ乳児や幼少年の死亡率が高かったのであろうか。それは、子どもを育てる親たちの生活そのものが悪化したからではなかったろうか。フランスの新しい研究の結果をみると、死亡率が高くなったときは穀物の値段が暴騰したときであった。穀物の値があがって高価な白パンや小麦を買えないものは、質をおとしてもっと安い食料を買い求める。白パンから黒パンへ、そしてからす麦パンへ、さらに、まだ実らない青麦やわらびの根のパンを食べ、ついには、くさった飼料や屠殺場から外にほうり出された血塊や臓物を口にするまでになる。これは都市の民衆も農村の民衆も同じである。村では、自分の畑だけでは一家をささえられない農家が大部分で、その多くは副業や日雇いをやらなければならなかったからである。民衆の日常生活は、パンの急な値上がりだけでただちに家族の死と結びつくほど、その底は浅くもろいものなのであった。もちろん、医療の貧しさや病気への無知もあった。しかし、母や子の貧しい体力では、とうてい疫病にうちかつ抵抗力をもつことはできなかったであろう。「熱病・ペスト」と一様に呼んでいた、さまざまな病気が発生し伝染する夏は、とくに幼児の葬式の列がふえた。

このように人口停滞の原因をたどると、民衆の生活の底の浅さ、もろさにゆきつくのである。それでは、この民衆とは、いったいだれとだれをさすのであろうか。

❖ 農村のありさま

民衆といっても、その大部分は村に住む農民であった。ルイ一四世時代の人口は、その六分の五までが農村人口であったといわれている。ルイ一四世の王国は農村のうえに築かれていた。

フランスの農村は、北部の麦作中心の村、西部のボカージュ村落（自分の畑を林でとりかこんだ村）、南部の多角小経営の村など、地方によっていろいろな村がある。しかし、そのなかに暮らす農民というと、ふつう村のなかに自分の住居と家畜小屋、そして狭い庭畑地をもち、家族と暮らし、広い耕作畑で麦をつくる人々のことである。この庭畑地というのは、自給用の狭い屋敷畑のことで、自分の考えで自由に活用できる畑である。だから、野菜や麻やクローバーのような良質の牧草を栽培したり、イタリアや西ドイツさらにアメリカ産の新しい農作物、たとえば、かぼちゃ、トマト、とうもろこし、じゃがいもなどを試作することもできたのである。だから庭畑地は、しきたりにしばられた農村のなかで、ただ一つの技術改良の実験場でもあった。

ところが、農民が村で暮らすということは、村のおきてやしきたりにしたがって日常の農民生活を送ることである。農民がはたらく中心の場所は耕作畑であるが、自分の耕作畑をたがやすには、庭畑地とちがい、村のおきてやり方にしたがって農作業をしなければならない。南

農民の家族

部を除く大部分の農村では、一七世紀にも依然として三圃《ぽ》制というふるい耕作方法が守られている。ここでつくられた麦のうち、小麦は領主の賃租や商人に売るためのもので、つくった農民はほとんど食べない。農民の常食は裸麦やライ麦、大麦のパンやかゆである。そのほか、ここで馬糧としてのからす麦などもつくる。また村に定住することで、農民は村の共同地といわれる森や草地や沼などを共同で利用する。たとえば、木材や薪や栗などを共同でとり入れる。また、自分の家畜小屋の羊たちを草地につれてきて共同放牧をする。このような共通のおきてとしきたりによって結ばれた村共同体、中世以来のふるいしくみが、依然としてこの時代にも続いているのである。

そのうえ、さらにキリスト教のしくみが重なる。ふつう、一つの村や二、三の村を一つにして教会が一つ建てられている。この村の教会には司祭が住む。この範囲を聖堂区と呼んでいる。聖堂区は、キリスト教の教区制の最後のもっとも小さな単位で、たいていは実際の村と重なることから、王国行政の単位としても使われるようになった。

村の教会は、村の聖なる守護者であった。だから、村で生まれた新生児は教会に二四時間内につれてゆき洗礼をうける。成長して一二歳から一五歳になると、また教会で聖体拝受という儀式をうける。そして一人前の信者になる。結婚は教会でたしかめられ登記される。村人は日曜のたびに教会のミサに行き、休息する。埋葬はまた教会をとおして行なわれる。こうして、教会は村人の一生をささえるとともに、その暮らしを管理していたのである。また住民の集会は、たいてい教会やその敷地のなかで行なわれ、訴訟や課税、農作業のきまりや手順をさだめ、村の羊飼いやぶどう畑監視人などをきめたりした。そして、危難のときは教会にのがれた。いわば、教会は村人の心身両面での避難所であった。だから、教会の建物や墓地などの付属の土地は、村人から選ばれた教区財産管理委員が管理したのである。村とは、実はこのように住民の共同体と教会をとおし、しきたりと宗教行事にしたがって、村人が農作業を行ない暮らしてゆくところなのであった。

❖農村の民衆

それでは、村民はすべて同じ力をもち、同じ暮らしをしていたのであろうか。ふるくからの領主制度、セニューリイと呼ばれる封建所領は、けっして消滅してはいない。領主に支払う賃租や領主裁判もなくなってはいない。しかし、各聖堂区に一人から数人いた領主は、かなりの村で人が入れ替わり、領主権もしだいに名ばかりになったところが多く、昔の領民に対する保護と支配という領主の権力は、個々の領主のもつ特権、のちのフランス革命のとき廃止の宣告をうける封建的諸権利へと変わっていったのである。このように、領主制の実態が変わったのは、領主に従属していた農民の実態が変わったからである。農民は地方の差はあっても、ほぼ三つの状態に分かれていったと考えられる。

　第一は地主である。他人の土地を買収して、しだいに自分の土地をふやし、ふやした広い耕作畑は貧しい小農民に小作させるという方法をとる。小作は、耕作畑からとれた収穫の一定量を、その年の収穫量に関係なく地主におさめる定量小作制度と、とれた収穫量の半分をおさめる定率分益小作制度とが、一般に行なわれていた。どちらにしても、小作人にとってはたいへんきびしい取り立ての制度であり、そのうえ、地主と小作人とのあいだに上下の序列づけももちこまれたのである。村の領主も、しだいにこのような地主に変わっていくのである。また、パリなど都市の近くの農村では、農地を買い入れて小作させる富裕な市民や高級官僚たちがあらわれる。いわば不在地主である。もちろん、このような地主たちは村の顔役ではあっても、村の民衆というわけにはいかない。

第二は、農地から得た収益で一家と奉公人を養い、租税を完全に納め、そのうえ、さらに家畜や農具や農地をふやして貨幣をたくわえられるゆたかな農民である。

この農民たちは、ふつう一〇から二〇ヘクタールの、ときには一〇〇ヘクタールもの広い耕作畑を経営する農民である。その多くのものは、領主や地主から一括して借地する大借地農民でもある。この広い耕作畑を、自分のさまざまな農器具、車つき犂《すき》とか砕土機、長柄鎌や牛馬を使って耕作し、当時としては高価な鉄輪つき二輪馬車で収穫物を運ぶ。そして、一〇頭をこえる牝牛や五〇頭以上もの羊群を飼う。もちろんこの農作業は、常雇いの下僕《しもべ》や奉公人、収穫時などの季節日雇人によって行なわれたのである。こうして、このゆたかな農民は自分の所有地をふやすよりも、農器具や家畜や借地面積をふやし、なかには、木材や穀物取引にも手を出す村の企業家へと成長する。だから、村では教区財産管理委員や村の助役に選ばれ、村の動きをきめる有力者になったりする。しかし、この安定したゆたかな農民はごく少数なのであった。

さて第三に、農村人口の大多数を占める小農民がいる。この農民は、ささやかなわらぶきの家に住み、狭い庭畑地をもち、わずかな牝羊やめんどりを飼う家畜小屋をつくり、村民として暮らす。かれらは村に定住する村民であるから、村共同体のしきたりにしたがって耕作畑を耕し、共同地を利用する。また村の教会の信徒として一生を送る。

ところが、この小農民たちは肝心の耕作畑を少ししかもっていなかった。なかには、まったくもっていないものもいたのである。また農具や家畜も少ない。とくに、牛馬と大型の農具はほとんどもっていないありさまであった。麦をつくる耕作畑が少ない小農民たちは、自分の土地だけでは一家を養うことができない。そこで家計をおぎなうために、ゆたかな農民から農具や牛馬を借りて、領主や地主の土地を小作する定量小作農民や分益小作農民になったり、季節の日雇人になったりする。他人の家畜の世話から雑役までして日当をかせぐ。北フランス地方のように、都市に住む織物問屋商人から道具と原料を借りうけて、紡糸や織布の下ごしらえをする家内工業にしたがうものもあらわれる。

このような小農民たちは、気候などの自然にめぐまれた南フランスの一部を除いて、凶作や疫病、そして家畜の流行病というような災害にひじょうによわい。そのうえ、かれらは王国直接税のおもな負担者でもあった。だから、凶作が続いたり一家の家父を失ったりすれば、簡単に放浪民に転落する恐れがあった。みじめさと隣り合わせに生きている不安がいつもつきまとっている。ゆたかな農民が上へと成長するのに対して、この小農民たちは、いつも下に陥没する向きがあった。一七世紀の人口の停滞がもっともよくみとめられるのも、この人々であった。

しかし、小農民たちの多くは保守的で忍耐強い。文人ラ゠ブリュイエールは、「かれらは冬を恐れ、生きることも恐れた」と書いているが、農民たちはその不安定な暮らしを変えて、そこから脱しようともあまり考えない。それは、小農民が貧しく不安であればそれだけ、いっそう村のしきたりにたより村の教会に出向いたからであり、また領主や地主、使用主たちにしたがうことで、その保護をうけることができたからである。

このように、同じ農民のなかでも分化がみられる。ただこの農民たちに共通していることは、同一の村民として共同体や聖堂区の保護と特典をうけて生存していたということである。

❖都市のありさま

つぎに、都市のありさまを描いてみよう。都市には全人口の六分の一から五分の一が集まったと考えられているが、その大部分は中世以来のふるい都市である。だから、都市は寺院と市庁舎を中心に、ゆたかな商人や貧しい小売商人、職人などのいくつかの居住区がつくられ、そのまわりに城壁や堀をめぐらす。そのなかには、大商人から職人にいたるまで、さまざまな職業をもつ人々が住みつく。ゆたかな商人は一戸建の館をかまえるが、貧しい人々はアパートの階段にそったうす暗い部屋か、わらぶき小屋に住む。また農村からの人口も流れこみ、旧市域のそとに新しい城外区がつくられる。

いま一例として、北フランスのボーヴェーという町の職業別人口のグラフをあげてみよう（次頁）。この町は毛織物工業の町である。町の全世帯数は一七世紀末に二五六二世帯。そのうちもっとも多いのは毛織物の職人、そして各種衣食住関係の小売商人や職人たちである。また半農半工世帯も多い。これは都市がまだ農村のおもかげを色濃くのこしていたことのあらわれである。都市のなかには、市の共同の羊たちを市の放牧場で飼うところもあったのである。同時に、村から貧しい農民が出かせぎにくる割合も多くなったと考えられる。とくに海や川ぞいの港町には、日雇人夫、沖仲仕、小間使いとして入りこむものが多くなったようである。さらに、官職保有者や自由業、年金・地代生活者の世帯は三七四世帯と、全体の七分の一を占めている。このゆたかな市民たちは、官職を買いまた農地を買って不在地主となったものが多い。このような世帯が多いということは、そこにまだ真の近代的な都市活動が起こっていないことをあらわしている。

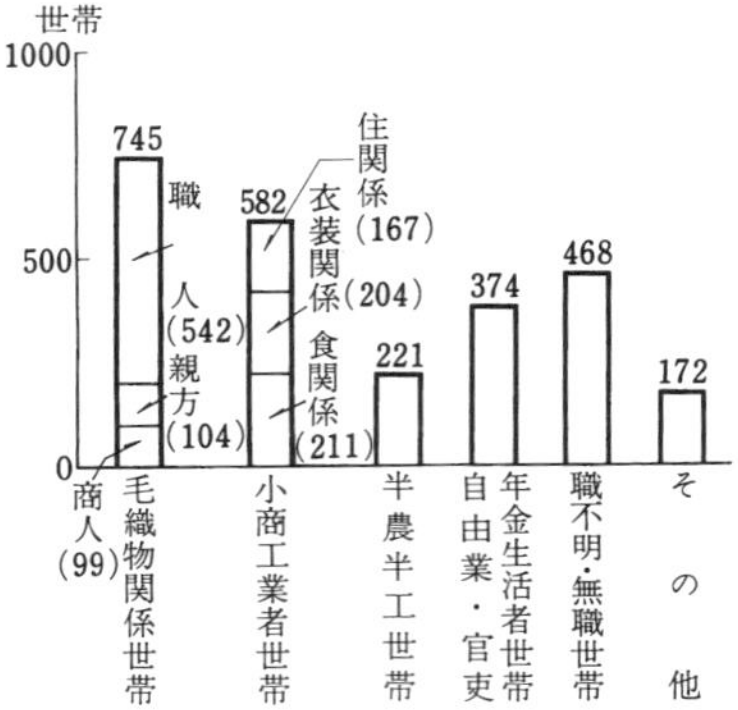

北フランスのボーヴェーの職業別人口
(1696年総数，2562世帯
グーベール氏の研究による)

❖都市の民衆

小売商人や職人、労務者たちを中心とする都市の民衆は、どういう暮らしを送っていたのであろうか。第一に、さまざまな工房や仕事場ではたらく職人たちをみてみよう。この人々は一定の修練をつんだ専門職人であるが、その手間賃は職種によってちがっている。もっともめぐまれたものは、ぜいたくなつづれ織の織工や彫版家、金銀細工師などで、職人というよりも工芸家に近いエリート職人である。ついで印刷工や大工、染色工、ガラス工と続く。毛織物関係の職人はもっとも低かった。そして人々がはたらく工房も、あまり健康的なところではなかった。織布工などには穴倉ではたらくものもいたため、結核やリューマチなどが職業病として広まっていた。

にわとりを売る小商人

また、この専門職人のほかに、手職をもたないただの労務者がいた。この人々は官営の工場などではたらくか、下ごしらえをして専門職人の仕事をおぎなう労働者である。また、荷役人夫などの仕事にしたがう人々である。この人々の日当はもっとも安い。とくにコルベールのつくった救貧院の工房などでは、仕事や生活のきびしい規則がさだめられている。朝五時、十字をきり祈りをささげて仕事につく。仕事中、おしゃべりは禁止される。聖歌を小声で口ずさむほかは、歌ったり、ののしりあったり、反抗したり、酒を飲んだりすることは、すべて禁止された。こうして夜七時ごろまではたらく。この間、三〇分ほどの休み時間があるだけであった。

そのうえ、職人や労働者たちに国王政府の圧力が加わる。コルベールは職人や労働者をきびしく取り締まるため労働警察をつくり、職人たちの職場放棄や共謀の会合、ストライキを禁止し、ときには軍隊によって争議を押さえたりした。職場の監督は、むちうちから吊りおとしなどの残虐な私刑を加えて統制した。

ところで、この職人や労働者の暮らしについて注意しなければならないことがある。この人々の手間賃や賃金は、さきにもふれたように、職種によってかなりのちがいはあるが、一七世紀全体をとおしてみると、それはけっして低下していない。上昇しているときもみられるのである。しかし問題は、人々にとって別の大きな不安の種があったことである。それは、いつ自分たちが失業するか、はたらける日が何日続くかという不安であった。ふつうの年でも、一年の実労働日は二七〇日から二九〇日ほどであったといわれている。一〇〇日ちかく休業日なのである。人々は、「景気のよいときは、ゆたかな市民のような食事をしたり着飾ったりするが、不景気になると、とたんに生活はゆきづまる」といわれた。だから、人々は凶作からくるパンの激しい値上がりに耐えることができなかった。都市の民衆も農村と同じように、底辺の暮らしにすぐ転落する不安にいつもつきまとわれていたのである。職人たちが死ぬときにのこ

パリのはたらく人々

したものといえば、一生たいせつにしまわれていた一着の礼装と、いくらかの肌着ぐらいであったといわれる。

❖職人たちの団体

農村には、村民の共同体というしくみがあった。都市の民衆にはそういうものはなかったのであろうか。中世ではギルドがつくられ、職人は修練をつむと一人前の親方になった。ところがこの時代になると、職人から親方になるものはかぎられ、昇格の門は閉ざされていったのである。上昇の道がなくなった職人たちは、そこで職人だけの団体をつくるようになった。それは、ふるくからある信心会（コンコレリー）や職人会（コンパニオナージュ）というしくみである。

信心会というのは、ギルドの商人や手工職人のなかに生まれた。もともと、会員の葬式や日常のミサなど、宗教上の行事を主にして人々が寄り合い、老人や病人の世話から救貧活動にいたるまで、仲間どうしでたすけ合おうという相互扶助のしくみであった。それは親方と職人の合同のもの、親方だけのもの、職人だけのもの、職場のなかだけでなく地区住民どうしのものまであらわれたと思われる。ところが、国王政府は、一六世紀以来、たびたび王令を出して信心会を禁止した。そのため、信心会は各地でひそかに活動を続けなければならなかった。しかし、その力が無視できないものであったことは、フロンド時代のボルドーの楡の木党の活動をみるとよくわかる。コルベールが職人統制のために、宣誓組合（ジュランド）という御用組織への加入を命じたときも、たくさんの職人たちはひそかに信心会をつくって、ささやかな抵抗を示したのである。

職人会は、この信心会とほぼ同じようなしくみである。それは一六世紀ごろから、職人の相互扶助と友愛、職人の修練や教育のためにつくられた。これもまた、ひそかに各職場で結成されたと思われる。職人たちは神秘的な入会式を経て加入する。だから、その仲間意識は強く、会の規律もたいへんきびしかった。このようなしくみは農村の共同体とはちがって、ほぼ同じ仲間・近親の互助の集いであり、ひそかに活動する団体であった。そのため、また職人仲間たちの抵抗のしくみともなったのである。

❖底辺の民・放浪の民

さて、これまでみた農村と都市の民衆は、安定しない暮らしではあるが、一定の場所に住み定職をもち、そして地域や職場でなにかの形で互助のしくみをもつ人々である。ところがこのほかに、町や村に定住できないか、または定住しない人々、定まった職をもたない人々がいる。この人々は、互助のしくみもない、いわば組織も保護もない民衆である。貧民収容所や施療院、牢獄の記録のなかに、放浪民とか乞食、山賊そして城外区住民、賤《せん》民などの名前であらわれる人々である。それは、ルイ一四世の大御代《おおみよ》に生きる底辺の民ということができるであろう。その総数は全国で約二〇万といわれている。さきにあげたボーヴェーの職業別人口グラフをみても、無職者四六八世帯となっている。それは実に、全世帯の五分の一ちかくを占めている。しかも、その半数は貧しい寡婦世帯なのである。

この底辺の人々は、農村から流れ出て、しかも都市の一人前の住民として住めない人々である。また、町や村での不安定な暮らしに敗れ転落した人々である。はたらけないものは、町や村はずれにある職人会の救護所や場末の安宿にたむろしたり、洞穴などに住みつく。はたらけるものは、下水溝の掃除や生垣の刈りこみ、ざるやかごづくり、刃物とぎ、木靴づくりをしたり、炭焼きやくず屋、さらに人のいやがる死体運搬人などになる。

もちろんそのなかには、塩の密売人や山賊といった危険な冒険者たち、冬期や青年期だけ故郷をはなれてはたらく特殊な山地民、たとえば、リムーザンの石工やサヴォイの煙突掃除人などがいる。また麦やぶどう収穫専門の季節労務者、針やレースとか安物のアクセサリーや怪しげな膏薬などを売り歩く旅商人たちと、定住社会からはみ出して放浪と旅にあけくれる人々もいる。しかし、この底辺の民の大多数は転落した民衆であり、激しい修練に耐えられなかった徒弟や脱走兵たちであった。だから、その数は凶作や疫病の流行、不況と失業、そして戦争といった災害に応じて増減したのである。一時的に急にふえるときもあるが、被害もまた、この人々にまっさきにふりかかる。パリには約二万の乞食がいたと考えられている。

国王政府や各地の市政府や教会は、この底辺の民衆を救貧院などに収容して、労働者として強制的に仕事をさせようとした。しかし、それはいつも失敗した。底辺の民を生み出した根本の原因は、不況や凶作や疫病そして戦争という災害に対して、ながくは耐えることができない民衆生活の底の浅さ、そのうえに成り立つ絶対王政の体質のなかにこそあったからである。だから、底辺の民が災害に応じて増減しながらも、いつもかなりの数を占めていたということは、危機の一七世紀、悲劇の一七世紀という時代の実態を明らかにしている。

❖財政と民衆

ルイ一四世の大御代に生きる民衆とは、このような不安の民であった。しかもその大多数は、いつでも流浪の不安をもちながら生きる小農民たちであった。そこに都市はあっても、それは農業社会に寄生する町であった。町のゆたかな有力市民たちは、不在地主として農村と強いきずなをもつ。問屋商人や工房の親方も、小農民の労働力にたよった。そして、いつも失業とパ

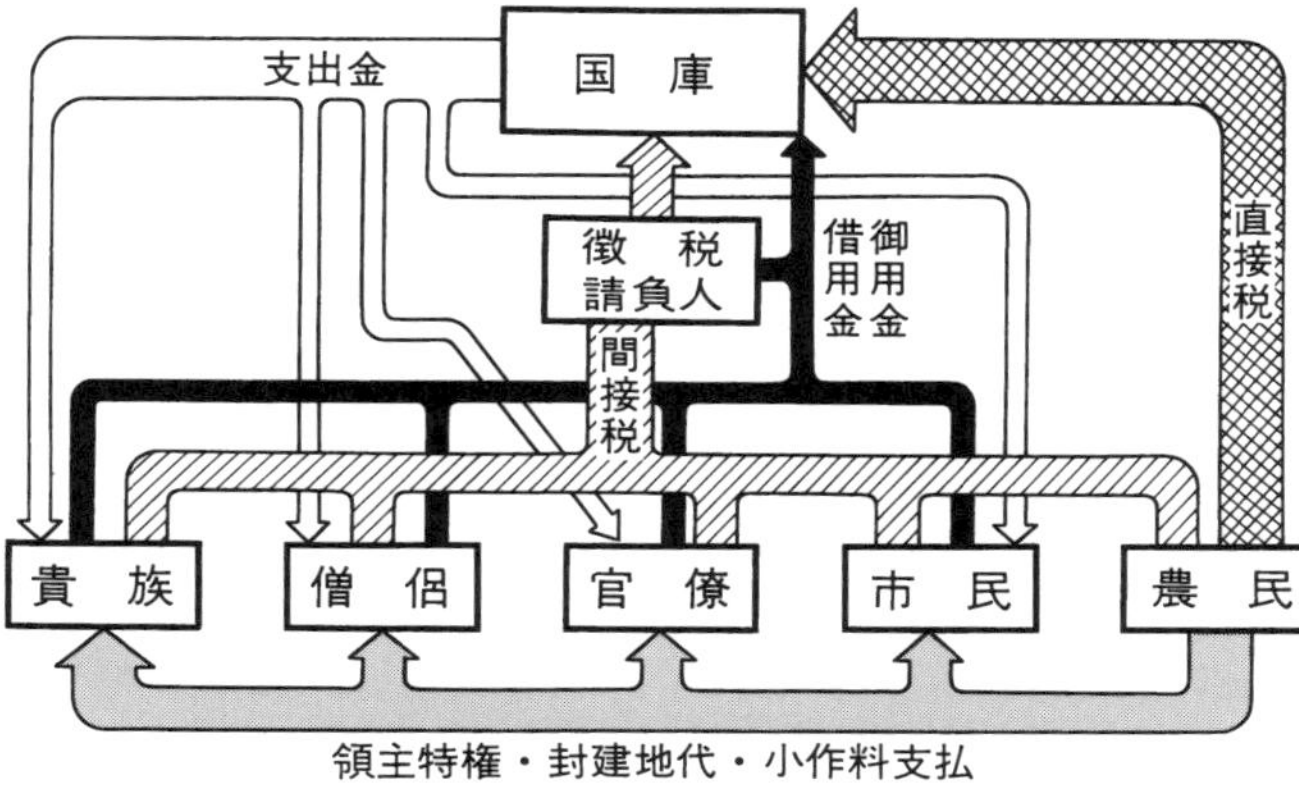

ンの値上がりになやまされる不安の民がそこにいた。だからこの時代は、農業生産がたいてい総生産の八〇パーセントから九〇パーセントと、その大部分を占めていた。国家の財政収入のうち、半分は農民から徴収する直接税と間接税であった。そのうえ多くの農民は、教会や領主や地主などに賃租や小作料などを支払わなければならなかった。したがって、農民のすべての支払い分は純収入の二〇パーセントから五〇パーセントにも達した。こうして国家財政も社会の体制も、不安定な農民群のうえに築かれていた。

その関係は上のように図解してみることができるだろう。

もちろん、農民がすべてを負担して貧しくなり、そのうえにゆたかな王国や貴族や市民の富が築かれたというのではない。不安定な小農民の生活に基礎をおいた王国の財政は、やはり不安定であり、名ばかりの賃租とふるい身分にたよる村の貴族は没落の道をたどる。村の寄生地主である有力市民たちは企業欲を失う。

このような農業に基礎をおく国から、貿易と工業に重点をおく国へと体質を変えようとしたのがコルベールであった。しかしそれは失敗した。なぜであろうか。コルベールの育てようとした産業は、銀をふやすための輸出向きのぜいたく品や上質品の製造工業であり、それは不安定な民衆の暮らしとはなんのかかわりもなかった。貿易をすすめるといっても、国内の大商人たちはあまり乗り気ではなかった。フランスの特権貿易会社は停滞した。大商人たちは資本も販路も縮小し、ただ王宮の建設とその設備の調達などで生きながらえた。結局、体質は変わらなかったのである。そのうえ、一六七九年ナイメーヘンの講和が結ばれた。それはルイ一四世にとっては、ヨーロッパの盟主の栄光を手に入れた講和であった。しかしコルベールにとっては、その政策のつまずきを意味していた。ここに、「たてまえ」と実態との大きなずれがあらわれたのである。

いま、ナイメーヘンの翌年、一六八〇年の国家財政収支のあらましをあげてみよう（次頁）。この表をみると、たしかに間接税収入は直接税収入よりも多くなっている。それは、コルベールの貿易と工業重点政策のあらわれとみてよいであろう。また、収支で約四五〇万リーヴルほどの赤字財政ではあるが、以前にくらべると赤字分は大幅に少なくなっている。これもまた、コルベール財政の着実な成果とみられる。

しかし支出のほうをみると、もっとも多いのは陸軍軍事費で全支出の三分の一を占めている。海軍費や築城費、駐屯《ちゅうとん》費などを加えると、支出の約半分までも軍事費にさかれている。つぎは宮廷費で、ヴェルサイユ宮殿建設費などを加えると、これも全支出の五分の一強を占めている

1680年の王国の財政収支（単位リーヴル）

収入	1	間接税収入	29,318,762
	2	直接税収入	23,482,107
		（以下略）	
		総収入	91,759,460
支出	1	陸軍軍事費	31,233,000
	2	返済金	10,792,000
	3	宮廷費	9,184,000
	4	王宮建設・維持費	8,513,000
	5	海軍軍事費	4,928,000
	6	築城費	4,603,000
	7	ガレー船建造費	2,869,000
	8	借入金利子など	2,389,000
	9	軍隊駐屯費	2,345,000
	10	官僚給与・人件費	2,302,000
		（以下略）	
		総支出	96,318,016

（各項目は金額の大きい順）

ことになる。軍事費と宮廷費の割合がいかに大きいかがわかる。しかも、この一六八〇年の収支は、財政安定に向かっているときのものである。

　コルベールが死ぬと、その政策はしりぞけられる。代わって軍事・外交上の強硬政策がとられると、やがてながい泥沼の戦いに突入する。戦費に苦しんだ政府は、打開策として、一六九五年に新直接税キャピタシオンを、一七一〇年に十分の一税を全国民に課した。しかし財政の危機は解消しなかった。ルイ一四世の没する一七一五年、財政収入六九〇〇万リーヴル、支出一億三二〇〇万リーヴル、公債二八億リーヴルという危機に追いこまれていたのである。

❖民衆の反乱

ルイ一四世の親政が行なわれたからといって、民衆はけっして平穏な暮らしを送ることはできなかった。フランス文化が、古典主義によって安定と栄光をとりもどしたようにみえるこの時代でも、民衆の暮らしはそれとうらはらに、不安と不満がいつもくすぶっていた。だから王国は、ときとところによって前の時代よりも騒然とした空気につつまれる。親政初期の一六六〇年代には、全国にわたって村や町で抵抗の騒動が散発している。一六六六年から翌年にかけて、リヨンでは軍隊が出動するほどの大きな暴動がもちあがっている。

農民反乱の大部分は、フロンド以前の反乱と同じように、反王税をめざす村ぐるみの抵抗運動であった。それはさきにふれたように、村の共同体が地主から小農民までいっしょにふくめたしくみであり、地主などの村の顔役たちが村の行事や人事などをきめるという農村の体質からである。また小農民は忍耐強く、暮らしが不安定であれば、いっそう領主や地主の保護や村のしきたりにたよることになったからである。だから、領主や地主と小農民のたてわりのきずなが強く、反王税ということは村の共通の目標とすることができたからであろう。

一六七五年、ブルターニュで印紙税反乱といわれる暴動が起こった。農民は各地で領主の城館を襲い、大規模な農民戦争へと発展した。ひそかに「農民綱領」という要求書がつくられた。

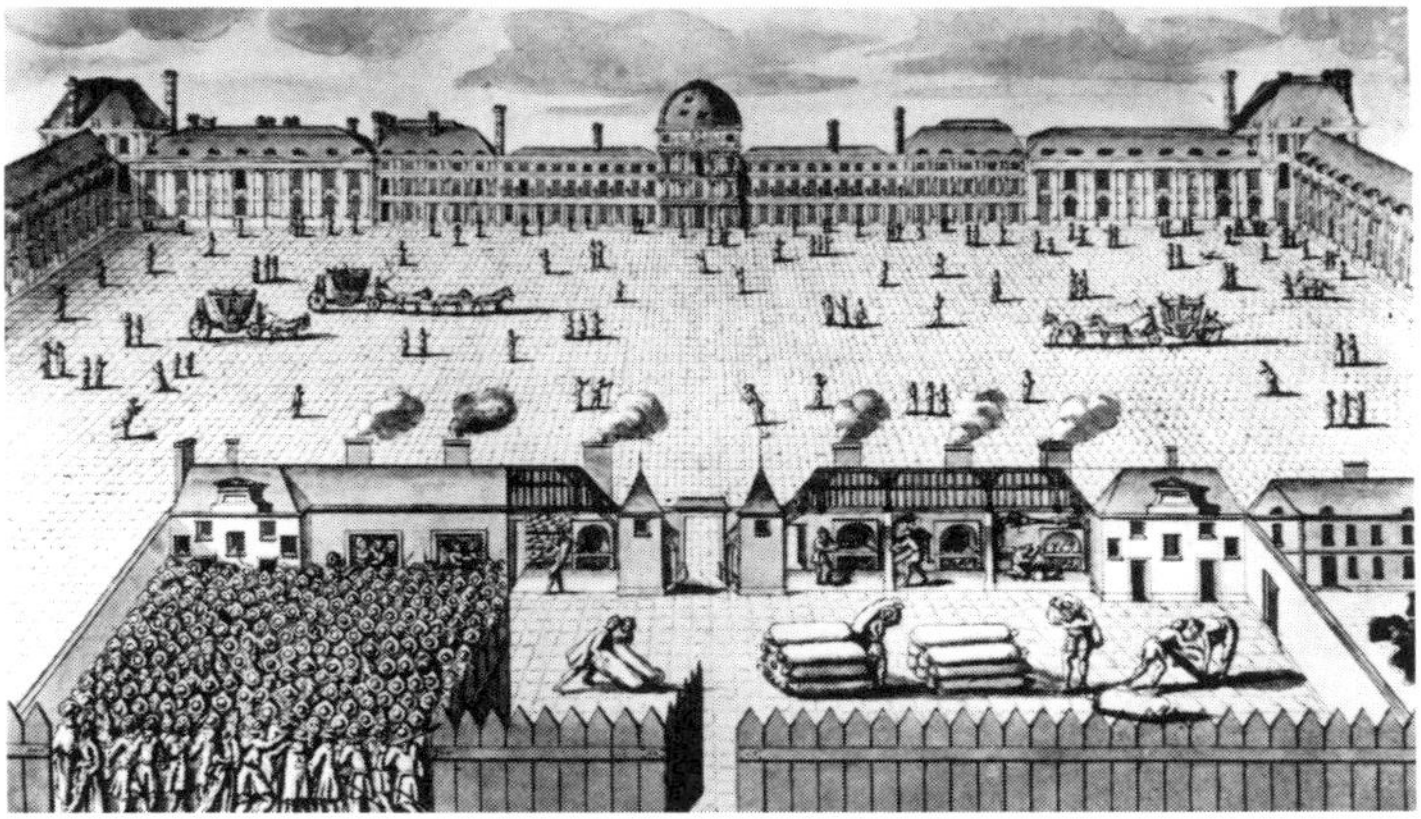
チュルリー宮でのパン配給

そのなかで農民たちは、王税の増徴や印紙税に反対すると同時に、領主の貢租支払いや労役奉仕にも反対した。それは領主権廃止要求の反封建運動と思われた。しかし、反体制の革命の序曲にはならなかった。反乱の起こったブルターニュ地方は、ふるい型の領主が根強く、裁判権や、バナリテという領主の水車やパン焼きかまどを領民に強制使用させるしかた、労役奉仕などものこっていた。それだけ農民に対する領主の圧力は強かったのである。農民戦争は、このふるい型のブルターニュ領主制に対する戦いであった。だから、反乱は全国に広がることができなかった。また、同時に起こったボルドーの反乱とも結びつかなかった。このブルターニュの戦いを境として、農民反乱は下火に向かった。

一方、都市の民衆は通貨の不安、飢えと失業、パンの激しい値上がりという変動のたびに、各地で暴動やストやデモをくり返した。治世末期の泥沼の時代には、もっとも激しい反抗がパリやリヨン、アミアン、ランスといった中心都市に起こっている。一七〇八年から一七一〇年にかけて、飢えたパリの民衆はヴェルサイユへの請願デモをはじめる。

サン＝シモンはつぎのようにパリの暴動の一情景を描いている。

「一七一〇年八月二〇日の朝、配給のパンが大量に不足したときがあった。一人の女が声高に叫んで人々をそそのかした。配給に当たっていた巡査は女を捕えて、戒具の鉄輪をちらつかせた。そのとき、労務者仲間がかけつけ、鉄輪をもぎとり、街にかけ出してパン屋を襲った。店はつぎつぎと閉められ、混乱は大きく街から街へと広まっていった。人々に危害を加えたりはしなかったが、どこでも『パンを』と叫びながらあばれまわった」

しかし町と村の民衆は、まだ連帯することができなかった。絶対王政の特権体制に反対する民衆運動はまだ起こらなかったのである。

むすび――ルイ一四世の死

王は生まれつき健康でたいへんな健啖家《けんたんか》であった。王様には二重の胃の腑があるという噂まで流れたほどである。だからルイ一四世の治世は、歴代の王のなかでも、もっともながく続いた。しかし、老境にはいると、ヨーロッパの盟主をめざした王も、アウグスブルク同盟戦争からスペイン継承戦争へと、泥沼の戦いに足をふみ入れ、その栄光の座も色あせてみえた。フランス優越の時代が過ぎ去ろうとしていた。

ようやく、治世への批判もあらわれる。それは、フェヌロンとかボワギュベールといった学者だけではなかった。サン゠シモンのような貴族、ヴォーバンのような武人も、王政を批判しだしたのである。さらに、王に対する直接の非難や暗殺をほのめかす怪文書まであらわれるようになった。サン゠シモンは、「王をとりわけ激怒させたことは、王の人格や品行、その統治に対するたいへんはげしい非難のプラカードが、たくさんパリの城門や寺院、広場や立像などに貼りだされたことである。プラカードは夜に貼られ、朝になるとはぎとられた。しかし、それには何ものもおそれないたくさんの文句と歌がつづられていた」と書いている。

初代ローマ皇帝アウグスツスに模せられたルイ14世

王家にも不幸が続いた。まず一七一一年、皇太子ルイが天然痘で父王に先き立って死去した。翌一七一二年になると、新しく皇太子となった孫のブルゴーニュ公夫妻、その子ブルターニュ公が、王宮を襲った麻疹のためにあいついで生命を奪われた。あいつぐ王家の不幸は、老いたるルイ一四世を悲嘆のどん底におとし入れた。マントノン夫人も老王をなぐさめるすべを失ったように思われた。一七一三年、ようやく泥沼のスペイン継承戦争は終わった。しかし翌一七一四年には、ブルゴーニュ公の弟、王孫ベリー公もなくなった。そして、ルイ一四世も老人性脱疽《だっそ》にとりつかれていた。もはや余命いくばくもないことを老いたる大王は悟った。老王は、皇太子となった四歳の曾孫アンジュー公（のちのルイ一五世）を招いて、つぎのようにさとしたといわれる

「私はまもなく死ぬが国家は滅びない。私はたいへん戦争を好んだが、あなたはそれを真似てはいけない。私がしたようなたいへんな浪費は、もうできないのだよ」

一七一五年九月一日の朝、ルイ一四世はなくなった。七七歳の長命であり、七二年ものながい統治であった。

ルイ一四世の大世紀は終わった。三十年戦争のさなかに生まれた王は、内戦に追われ、不況のなかで親政をはじめた。そのながい治世は輝ける大世紀といわれた。たしかに、ルイ一四世の政府は近代官僚制をつくりあげ、ヨーロッパ第一の軍隊をもち、大陸に盟主の座を築いた。フランスのことばや文化、そして王権のほこる宮殿は、全ヨーロッパの模範とあおがれた。しかし一七世紀の実態は、あくまで悲惨の時代であり、危機の一七世紀であった。その絶対王政は不完全なしくみのうえにできあがり、その安定したフランス古典主義文化は不安の民のうえにつくられていた。

それでは国王の政府は、どのようにこの悲惨と危機にうちかつ努力をしたのであろうか。一七世紀の危機にうちかつ努力とは、ただ大宮殿の建設とあいつぐ戦争の強行であったのであろうか。ヨーロッパ大陸の盟主という、ふるめかしい目標を実現することだったのであろうか。もしそうとするならば、フランスは危機にうちかつ能力をもたなかったといわなければならない。

ルイ一四世年譜

西暦	年齢	王政・戦争の年譜	フランスの社会・経済・文化	ヨーロッパ
一六三八		ルイ一四世生まる	ポアトー、ギエンヌなど民衆反乱 サン＝シラン投獄	
一六三九			ジァン＝ヴァ＝ニュ＝ピエの乱	
一六四二	四	サン＝マールの陰謀。リシュリューの死		イギリス、ピューリタン革命（—一六四九）
一六四三	五	ルイ一三世の死。ルイ一四世の即位。ロックロアの戦いに大勝	中部、南部に民衆反乱（四六年ごろまで続く。四六年、凶作、疫病流行）	
一六四八	一〇	フロンドの乱はじまる。ウェストファリアの講和。三十年戦争終わる		
一六四九	一一	ルイ一四世、パリ脱出。コンデのパリ攻囲		イギリス王チャールズ一世の処刑
一六五〇	一二	貴族のフロンド		
一六五三	一五	フロンドの乱終わる	ボルドーの楡の木党の反乱鎮圧	第一次イギリス・オランダ戦争。オランダ議会派の勝利（ヨハン＝デ＝ウィット政権）
一六五八	二〇	砂丘の戦い		
一六五九	二一	ピレネーの和約		クロムウェルの死

一六六〇	二二	ルイ一四世、マリー＝テレーズと結婚	パリなどで食糧危機	イギリス王政復古。チャールズ二世即位。北欧にオリヴァ条約
一六六一	二三	マザランの死。ルイ一四世親政はじまる。フーケの失脚	モントーバンなどに民衆暴動	
一六六二	二四		ヴェルサイユ宮殿建設はじまる。凶作。民衆暴動拡大	
一六六四	二六		東インド会社、西インド会社設立。ヴェルサイユの大祝典。モリエール「タルチュフ」初演	
一六六五	二七	コルベール財政総監となる		スペイン、フェリーペ四世の死。第二次イギリス・オランダ戦争
一六六六	二八	母后アンヌ＝ドートリッシュの死	科学アカデミイ設立。モリエール「人間嫌い」	ミルトン「失楽園」
一六六七	二九	フランドル戦争開始（―一六八）	民事訴訟法典制定。「タルチュフ」上演禁止される	
一六六八	三〇	アーヘンの和約。ルーヴォア陸軍卿となる	北部に疫病流行。ラ＝フォンテーヌ「寓話詩」初巻	
一六六九	三一		河川・森林管理法典制定。北方会社設立。ラシーヌ「ブリタニキュス」	
一六七〇	三二		刑事訴訟法典制定。レバント会社設立。パスカル「パンセ」初版	

一六七二	三四	オランダ戦争開始（―七八）。ライン渡河	ギエンヌなどに民衆反乱	オランダの政変。ウィレム三世、総督へ。第三次イギリス・オランダ戦争（―七四）
一六七四	三六	フランシュ-コンテ占領	ヴェルサイユ第一期工事完了。インド、ポンディシェリ占領。西インド会社解散	
一六七五	三七	テュレンヌの戦死	ブルターニュ、ギエンヌに印紙税反乱。全国的に飢饉	
一六七八	四〇	ナイメーヘンの講和。オランダ戦争終わる	ラ＝ファイエット夫人「クレーヴの奥方」	
一六八〇	四二		コメディ-フランセーズ劇団設立	
一六八一	四三	併合政策。ストラスブール占領	マリヤックの竜騎兵、新教徒弾圧	
一六八二	四四	宮廷、ヴェルサイユに移る	四か条の宣言、ローマ教皇と対立。ラ＝サール、ルイジアナ植民地を開く	トルコ軍、ウィーン攻囲
一六八三	四五	コルベールの死。王妃マリー＝テレーズの死。マントノン夫人とのひそかな結婚		
一六八四	四六	ラティスボンの講和	北方会社解散。竜騎兵の新教徒弾圧	
一六八五	四七	ナント王令の廃止	植民地法典制定	イギリス、ジェームズ二世即位
一六八六	四八			対仏アウグスブルク同盟結成
一六八七	四九		ペローの古代人と近代人の論争	ニュートン「プリンキピア」

一六八八	五〇	アウグスブルク同盟戦争(—九七)ファルツ掠奪	民兵制創設。マンサール、大トリアノン建設	イギリス、名誉革命
一六八九	五一	財政総監にポンシャルトラン		ジェームズ二世、アイルランド上陸。権利の章典
一六九〇	五二		レバント会社解散	ジョン゠ロック「人間悟性論」
一六九一	五三	ルーヴォアの死	アンジュー、ディジョンの反乱	
一六九二	五四	サヴォイ征服。ラ゠オーグの海戦で大敗		
一六九三	五五		四か条の宣言を取り消す。冬の飢饉、疫病流行(—九四)	
一六九五	五七		新直接税キャピタシオン設定	
一六九七	五九	ライスワイクの講和。アウグスブルク同盟戦争終わる	ボアギュベールの治世批判の書「フランス評論」	
一七〇〇	六二	王孫、スペイン王フェリーペ五世となる		スペイン王カルロス二世の死。プロシア王国成立。北方戦争開始。「人間悟性論」仏語訳
一七〇一	六三			対仏ハーグ同盟結成
一七〇二	六四	スペイン継承戦争(—一七一三)	カミザールの新教徒反乱	イギリス、アン女王即位
一七〇四	六六	プリントハイムの戦い		イギリス軍、ジブラルタル占領

一七〇五	六七			皇帝レオポルド一世の死
一七〇六	六八			カール大公、マドリード占領
一七〇九	七一		厳冬、飢饉。各地に暴動。ジャンセニストの拠点、ポール-ロワイヤル修道院撤去	
一七一〇	七二	曽孫アンジュー公生まれる（のちのルイ一五世）	新直接税十分の一税設定	
一七一一	七三	皇太子ルイの死		
一七一二	七四	新皇太子ブルゴーニュ公夫妻の死。ドーナンの戦い		
一七一三	七五	ユトレヒトの講和。スペイン継承戦争終わる		
一七一四	七六	ラシュタットの講和		イギリス、アン女王の死
一七一五	七七	ルイ一四世の死		ジョージ一世即位

参考文献

『世界各国史、フランス史（新版）』　井上幸治編　山川出版社　一九六六
『大世界史13、朕は国家なり』　成瀬　治著　文芸春秋　一九六八
『世界の歴史10、絶対主義』　筑摩書房　一九六一
『岩波講座世界歴史、近代1』　岩波書店　一九六九
『岩波講座世界歴史、近代2』　岩波書店　一九六九
『岩波講座世界歴史、近代4』　岩波書店　一九七〇
『日本と世界の歴史、十七世紀』　学習研究社　一九七〇
『フランス絶対王制の構造』　中木康夫著　未来社　一九六三
『フランス絶対王政論』　柴田三千雄著　お茶の水書房　一九六〇
『世界の戦史、ルイ十四世とフリードリヒ大王』　人物往来社　一九六六
『ルイ十四世（文庫クセジュ）』　メチヴィエ著　前川貞次郎訳　白水社　一九五五
『パスカルとその時代』　中村雄二郎著　東大出版会　一九六五
『世界古典文学全集、モリエール』　筑摩書房　一九六五
『パスカル（人と思想）』　小松攝郎著　清水書院　一九六七
『一七世紀フランス文学（文庫クセジュ）』　ソニエ著　小林善彦訳　白水社　一九六五

さくいん

【あ行】

【か行】

新《しん》・人《ひと》と歴史《れきし》　拡大版《かくだいばん》　26

ルイ14世《せい》　フランス絶対王政《ぜったいおうせい》の虚実《きょじつ》

定価はカバーに表示

2018年5月30日　　初　版　第1刷発行

著　者　千葉《ちば》　治男《はるお》
発行者　野村　久一郎
印刷所　法規書籍印刷株式会社
発行所　株式会社　**清水書院**
〒102－0072
東京都千代田区飯田橋3－11－6
電話　03－5213－7151(代)
FAX　03－5213－7160
http://www.shimizushoin.co.jp

カバー・本文基本デザイン／ペニーレイン　　DTP／株式会社 新後閑
乱丁・落丁本はお取り替えします。　ISBN978－4－389－44126－5